RONALD PAHLEN

Der Grundsatz der Verhältnismäßigkeit und die Erstattung von Schulungskosten nach dem BetrVG 72

Schriften zum Sozial- und Arbeitsrecht

Band 43

Der Grundsatz der Verhältnismäßigkeit und die Erstattung von Schulungskosten nach dem BetrVG 72

Von

Dr. Ronald Pahlen

DUNCKER & HUMBLOT / BERLIN

Gedruckt 1979 bei Buchdruckerei A. Sayffaerth - E. L. Krohn, Berlin 61
Printed in Germany

ISBN 3 428 04355 3

Inhaltsverzeichnis

Abkürzungsverzeichnis

AöR	=	Archiv des öffentlichen Rechts
AP	=	Arbeitsrechtliche Praxis
ARS	=	Arbeitsrechtssammlung
A/Sch	=	Auffarth/Schönherr
AT	=	Allgemeiner Teil
AuR	=	Arbeit und Recht
BAG	=	Bundesarbeitsgericht
Bay VGH	=	Bayerischer Verwaltungsgerichtshof
BB	=	Der Betriebsberater
BetrR	=	Der Betriebsrat
BetrV	=	Die Betriebsverfassung
BGB	=	Bürgerliches Gesetzbuch
BGH	=	Bundesgerichtshof
BGH St	=	Bundesgerichtshof für Strafsachen
BGH Z	=	Bundesgerichtshof für Zivilsachen
Bl. St. Soz. Arb. R.	=	Blätter für Steuerrecht, Sozialversicherung und Arbeitsrecht
BPersVG	=	Bundespersonalvertretungsgesetz
BUV	=	Betriebs- und Unternehmensverfassung
BVerfG	=	Bundesverfassungsgericht
BVerwG	=	Bundesverwaltungsgericht
DB	=	Der Betrieb
DöV	=	Deutsche öffentliche Verwaltung
D/R	=	Dietz/Richardi
DVBl.	=	Deutsches Verwaltungsblatt
E/J/K	=	Erdmann/Jürging/Kammann
F/A/K	=	Fitting/Auffarth/Kaiser
GG	=	Grundgesetz
GK	=	Gemeinschaftskommentar
G/K/S	=	Gnade/Kehrmann/Schneider
G/L	=	Galperin/Löwisch
GMH	=	Gewerkschaftliche Monatshefte
Gr. Ziv. Sen.	=	Großer Zivilsenat
GS	=	Großer Senat

H/N	=	Hueck/Nipperdey
H/N/S	=	Hueck/Nipperdey/Säcker
JuS	=	Juristische Schulung
JZ	=	Juristenzeitung
K/J	=	Kirchner/Jung
K/S/S/T/W	=	Kuhn/Sabottig/Schneider/Thiel/Wehner
LAG	=	Landesarbeitsgericht
L/R	=	Leibholz/Rinck
LS	=	Leitsatz
LStRL 72	=	Lohnsteuerrichtlinien 1972
LVG	=	Landesverwaltungsgericht
M/D/H	=	Maunz/Dürig/Herzog
NJW	=	Neue Juristische Wochenschrift
OVG	=	Oberverwaltungsgericht
RAG	=	Reichsarbeitsgericht
RdA	=	Recht der Arbeit
RFH	=	Reichsfinanzhof
RG	=	Reichsgericht
Soz. Fort.	=	Sozialer Fortschritt
StGB	=	Strafgesetzbuch
VG	=	Verwaltungsgericht
VGH	=	Verwaltungsgerichtshof
VwGO	=	Verwaltungsgerichtsordnung
ZBR	=	Zeitschrift für Beamtenrecht

Einleitung

Seit der grundlegenden Entscheidung vom 31. 10. 72[1] vertritt das BAG in ständiger Rechtsprechung die Ansicht, die erforderliche Teilnahme an Schulungs- und Bildungsveranstaltungen sei als Betriebsratstätigkeit anzusehen. Neben dem aus § 37 Abs. 6 i. V. m. Abs. 2 BetrVG 72 und § 611 BGB folgenden individuellen Anspruch des einzelnen Betriebsratsmitgliedes auf Freistellung von der Arbeit und Fortzahlung des Entgeltes hat daher der Betriebsrat einen Kostenerstattungsanspruch gegen den Arbeitgeber aus § 37 Abs. 6 i. V. m. § 40 Abs. 1 BetrVG 72.

Beide Ansprüche bestehen jedoch nicht unbegrenzt. Sie werden eingeschränkt durch die Begriffe „Erforderlichkeit" und „Verhältnismäßigkeit", deren gegenseitige Abgrenzung und Anwendung bislang Schwierigkeiten bereiten. In seinem Beschluß vom 9. 10. 73[2] führte das BAG aus, die Erforderlichkeit sei im Bereich des § 37 Abs. 6 BetrVG 72 ein strengere Anforderungen stellender Unterfall der Verhältnismäßigkeit. Die Erforderlichkeit der Teilnahme eines Betriebsratsmitgliedes an einer Schulungsveranstaltung wurde dann bejaht, wenn die dort behandelten Themen gerade im Betrieb aktuell waren oder Kenntnisse darüber demnächst benötigt wurden[3]. Der Begriff der Erforderlichkeit wurde jedoch nicht nur auf die Thematik, sondern auch auf die Dauer des Schulungskurses angewendet[4].

Diese Auffassung von dem Verhältnis der Begriffe „Erforderlichkeit" und „Verhältnismäßigkeit gab das BAG jedoch bereits in seiner Entscheidung vom 27. 9. 74[5] auf. Dies wurde in neuester Zeit bestätigt[6]. Das BAG vertritt nun die Ansicht, der Begriff der Erforderlichkeit sei „aus heutiger Sicht" normbezogen zu interpretieren, d. h. er betreffe allein die Bewertung der anläßlich der Schulung vermittelten Kenntnisse, er diene damit wesentlich der Themenbegrenzung und habe keinen Einfluß auf die Schulungsdauer.

---

[1] 1 ABR 7/72 = AP Nr. 2 zu § 40 BetrVG 72.

[2] 1 ABR 6/73 = AP Nr. 4 zu § 37 BetrVG 72.

[3] BAG AP Nr. 4 zu § 37 BetrVG 72; bestätigt durch 1 ABR 8/73 v. 6. 11. 73 = AP Nr. 5 zu § 37 BetrVG 72; 1 ABR 39/73 = Etzel S. 73; 1 ABR 41/73 = DB 74, 1292 (beide v. 29. 1. 74).

[4] 1 ABR 89/73 v. 26. 11. 74; 1 ABR 8/73 v. 6. 11. 73 = AP Nr. 5 zu § 37 BetrVG 72; 1 ABR 46/73 v. 16. 3. 76.

[5] 1 ABR 7/73 = AP Nr. 18 zu § 37 BetrVG 72.

[6] 1 ABR 23/74 v. 16. 3. 76; 1 AZR 116/74 v. 28. 5. 76.

Der Begriff der Verhältnismäßigkeit sei dagegen Kriterium für die Begrenzung von Art und Umfang der Verfolgung des nach § 37 Abs. 6 BetrVG 72 für zulässig erachteten Zwecks, betreffe also die Seite der betrieblichen Belastungen im Hinblick auf die Zeitdauer der Schulung und die Höhe der dadurch verursachten Kosten. Diese neue Abgrenzung der Begriffe hat weitreichende Konsequenzen. So entfielen z. B. nach der früheren Auffassung bei zu langer (= nicht erforderlicher) Dauer des Schulungskurses sowohl der Individualanspruch des Betriebsratsmitgliedes aus § 37 Abs. 6 und 2 i. V. m. § 611 BGB als auch der aus § 37 Abs. 6 i. V. m. § 40 Abs. 1 BetrVG 72 folgende kollektive Erstattungsanspruch des Betriebsrates.

Nach der heutigen Auffassung haben die Ansprüche ein unterschiedliches Schicksal. Dies kommt besonders in der Entscheidung des BAG vom 28. 5. 76[7] zum Ausdruck. Da die Teilnahme an dem dort zu beurteilenden Schulungskurs von der Thematik her erforderlich war, erkannte der 1. Senat den Anspruch des Betriebsratsmitgliedes auf Freistellung und Entgeltfortzahlung an, gab dem Anspruch des Betriebsrates auf Ersatz der Kosten wegen eines Verstoßes gegen den Grundsatz der Verhältnismäßigkeit jedoch nur zum Teil statt. Wenn auch, wie oben[8] gezeigt, teilweise noch auf der alten Auffassung basierende Entscheidungen ergehen, so ist dennoch festzustellen, daß eine grundsätzliche Änderung in der Rechtsauffassung des BAG eingetreten ist. Es fragt sich, ob der neuen Ansicht des BAG gefolgt werden kann. Auch die jetzt vertretene Meinung hat die bestehenden Mängel der Rechtsprechung zur Erstattung von Schulungskosten nicht grundlegend beseitigt. Die Verwendung der Begriffe „Erforderlichkeit" und „Verhältnismäßigkeit" bedarf einer näheren Untersuchung. Auch stellt sich die Frage, ob nicht die Anwendung eines gemeinsamen Prüfungsmaßstabes für die Entscheidungen über die Freistellung und Entgeltfortzahlung nach § 37 Abs. 6 bzw. die Kostenerstattung nach § 40 Abs. 1 BetrVG 72 rechtlich geboten und sachgemäß ist. Außerdem ist zu prüfen, ob die Entscheidungen der Arbeitsgerichte aus diesem Gebiet von zutreffenden tatsächlichen Annahmen ausgehen.

---

[7] 1 AZR 116/74 (vgl. den Beschluß 1 ABR 31/74).

[8] s. o. Fn. 4.

A. Die Erstattung von Schulungskosten

I. Die Erstattungspflicht des Arbeitgebers

Schon unter der Geltung des BetrVG 52 waren die rechtlichen Voraussetzungen für einen Anspruch auf Erstattung der durch die Teilnahme an einer Schulungs- und Bildungsveranstaltung verursachten Kosten gegeben. Von dieser Möglichkeit wurde jedoch nie Gebrauch gemacht. Zu erwähnen ist nur eine Entscheidung des LAG Freiburg vom 17. 5. 54[1], in der eine Kostenerstattung allerdings abgelehnt wurde. Ein Betriebsratsmitglied hatte als Zuhörer an einem Strafprozeß gegen den ehemaligen Direktor des Betriebes teilgenommen. Die dadurch entstandenen Kosten wurden von dem Gericht als nicht erforderlich angesehen. Das BAG mußte sich damals nicht mit einem solchen Problem befassen[2]. Wenn schon einmal Verfahren anhängig gemacht wurden, kamen sie über die 2. Instanz nicht hinaus. Dies muß Verwunderung hervorrufen angesichts der schon eingangs erwähnten Tatsache, daß die Voraussetzungen der Geltendmachung eines solchen Anspruchs generell gegeben waren. § 39 Abs. 1 BetrVG 52 sah einen Anspruch des Betriebsrates auf Erstattung der durch seine Tätigkeit entstandenen Kosten vor.

Hinsichtlich des Lohnanspruchs des einzelnen Betriebsratsmitgliedes vertrat das BAG in ständiger Rechtsprechung[3] die im Wege der Rechtsfortbildung gefundene Ansicht, daß die Teilnahme von Betriebsratsmitgliedern an gewerkschaftlichen Schulungs- und Bildungsveranstaltungen als für die ordnungsgemäße Durchführung der Aufgaben des Betriebsrates erforderlich anzusehen sei. Dabei wurde die einschränkende Anforderung gestellt, daß auf solchen Veranstaltungen konkret betriebsbezogene Angelegenheiten behandelt werden und die Teilnehmer die betrieblichen Belange berücksichtigen müßten[4]. Da nun die Teilnahme an einer solchen Veranstaltung entsprechend § 37 Abs. 2 BetrVG 52 als Tätigkeit des Betriebsrates angesehen wurde, hätte nichts näher gelegen, als einen Anspruch aus § 39 Abs. 1 BetrVG 52 auf Kosten-

[1] 1 Sa 71/54 = AP Nr. 3 zu § 37 BetrVG.

[2] Vgl. BAG 1 ABR 41/73 v. 29. 1. 74 = AP Nr. 5 zu § 40 BetrVG 72; Hiersemann BB 73, 287.

[3] 1 AZR 19/53 v. 10. 11. 54 = AP Nr. 1 zu § 37 BetrVG; 1 AZR 289/64 v. 22. 1. 65 = AP Nr. 10 zu § 37 BetrVG.

[4] s. o. Fn. 3.

erstattung, der die Tätigkeit des Betriebsrates als Tatbestandsvoraussetzung nennt, geltend zu machen. Über einen solchen Anspruch hatte jedoch, wie bereits erwähnt, das BAG nie zu entscheiden.

Im Gegensatz zum alten Recht beinhaltet das BetrVG 72 in § 37 Abs. 6 ganz deutlich einen Anspruch des Betriebsrates auf Teilnahme an Schulungs- und Bildungsveranstaltungen, während sich aus § 40 Abs. 1 ein Erstattungsanspruch für die durch die Tätigkeit des Betriebsrates entstandenen Kosten ergibt. Ohne daß nun weiter eine Bezugnahme auf die rechtsfortbildende Rechtsprechung des BAG erforderlich wäre, können nun hinsichtlich der Sachkosten Erstattungsansprüche geltend gemacht werden. Aus dem in § 37 Abs. 6 BetrVG 72 enthaltenen Hinweis auf § 37 Abs. 2 läßt sich entnehmen, daß die Teilnahme an erforderlichen Schulungs- und Bildungsveranstaltungen als Tätigkeit des Betriebsrates anzusehen ist. Die Kosten des Betriebsrates trägt jedoch gemäß § 40 Abs. 1 BetrVG 72 der Arbeitgeber.

Nach der Einführung des neuen Gesetzes kam es zu einer wahren Flut von Beschlußverfahren, in denen Betriebsräte die Erstattung der Kosten für die Teilnahme von Mitgliedern an gewerkschaftlichen Schulungs- und Bildungsveranstaltungen verlangten. In seiner ersten grundlegenden Entscheidung zu dieser Frage[5] vertrat das BAG die Auffassung, diese Kosten seien dann zu erstatten, wenn in den Kursen für die Arbeit des Betriebsrates erforderliche Kenntnisse vermittelt würden. Diese Ansicht stieß jedoch nicht nur auf Zustimmung. Ganz im Gegenteil wurde unter den verschiedensten Gesichtspunkten Kritik geübt. Nachfolgend soll ein Überblick über den Meinungsstand in Literatur und Rechtsprechung zu dieser Frage gegeben werden. Offensichtlich unbegründete Anmerkungen werden dabei vernachlässigt. Dazu rechnen z. B. die Äußerungen von Bleistein[6] und Erdmann/Jürging/Kammann[7], die besonders darauf hinweisen, daß sich aus § 37 BetrVG 72 keine Anspruchsgrundlage ableiten ließe. Dabei wurde jedoch übersehen, daß das BAG den Anspruch ausdrücklich auf § 40 Abs. 1 i. V. m. § 37 Abs. 6 BetrVG 72 gestützt hatte[8].

1. Die generelle Ablehnung des Erstattungsanspruchs

Eine Gruppe von Kritikern verneinte jegliche Kostentragungspflicht des Arbeitgebers. Diese Ansicht wurde auf eine ganze Reihe von Argumenten gestützt.

---

[5] 1 ABR 7/72 v. 31. 10. 72 = AP Nr. 2 zu § 40 BetrVG.

[6] Bleistein Rdnr. 162.

[7] E/J/K § 37 Rdnr. 30.

[8] 1 ABR 7/72 v. 31. 10. 72 = AP Nr. 2 zu § 40 BetrVG 72.

a) *Die Tätigkeit des Betriebsrates*

Gegen einen aus § 40 Abs. 1 BetrVG 72 begründeten Kostenerstattungsanspruch des Betriebsrates wurde vor allem eingewendet, daß diese Vorschrift nur die „Tätigkeit" des Betriebsrates beträfe. Das nur rezeptive Verhalten bei der Teilnahme an Schulungsveranstaltungen sei jedoch etwas qualitativ völlig anderes als die aktive Wahrnehmung der Aufgaben des Betriebsrates[9]. Es wurde in diesem Zusammenhang sogar der Vorwurf erhoben, durch eine so extensive Auslegung des Tatbestandes des § 40 Abs. 1 BetrVG 72 würde gegen das durch Art. 20 GG garantierte Gewaltenteilungsprinzip verstoßen[10]. Das BAG kam jedoch in Bestätigung seiner alten Rechtsprechung zu § 37 Abs. 2 BetrVG 52 zu der Erkenntnis, daß die Teilnahme an einem Schulungskurs der Tätigkeit des Betriebsrates zuzurechnen sei[11]. Im einzelnen führte er dazu aus[12]:

> „Unter Tätigkeit des Betriebsrates im Sinne von § 40 Abs. 1 BetrVG 72 ist eine sinnvolle, auf die sachgerechte Gestaltung und Verwirklichung der Aufgaben gerichtete Tätigkeit zu verstehen, die ihm nach dem Gesetz obliegen. Voraussetzung dazu ist vor allem die Kenntnis der gesetzlichen Bestimmungen zur Durchführung und zur ordnungsgemäßen Wahrnehmung der dem Betriebsrat nach dem BetrVG obliegenden Aufgaben. Das Wissen der Betriebsangehörigen um die gesetzlichen Aufgaben und ihre praktische Durchführung im Betrieb sind derartig eng miteinander verbunden, daß sie sachlich nicht von einander getrennt werden können."

b) *Die Betriebsratstätigkeit als Ehrenamt*

Vor dieser grundlegenden Entscheidung hatten einige Arbeitsgerichte, so z. B. das ArbG Elmshorn[13] und das ArbG Frankfurt/M.[14] aus der Tatsache, daß gemäß § 37 Abs. 1 BetrVG 72 die Betriebsratstätigkeit Wahrnehmung eines Ehrenamtes ist, den Schluß gezogen, daß die Betriebsratsmitglieder die Kosten selbst zu tragen hätten. Es sei ganz zwangsläufig so, daß die Übernahme eines Ehrenamtes gewisse finanzielle Belastungen mit sich brächte. Eine solche Betrachtung würde jedoch einen Verstoß gegen § 78 S. 2 BetrVG 72 bedeuten, der *jede* Benachteiligung eines Betriebsratsmitgliedes ausschließen will[15]. Dies

[9] LAG Düsseldorf/Köln 2 BV Ta 5/73 v. 2. 5. 73 = BB 73, 1214, 1215; E/J/K § 40 Rdnr. 8; Stege/Weinspach 2. A. S. 97, 154; Raatz DB Beil. 1/72, S. 16; Ohlgardt BB 73, 333; ders. BB 74, 1029; Hiersemann BB 73, 287, 288; Maurer BB 72, 843; Jacobi/Rausch DB 72, 972, 973; Rohling Der Arbeitgeber 72, 425.

[10] Ohlgardt BB 73, 1214.

[11] s. o. Fn. 3.

[12] 1 ABR 7/72 v. 31. 10. 72 = AP Nr. 2 zu § 40 BetrVG 72.

[13] 1 BV 15/72 v. 15. 6. 72 = DB 72, 1441.

[14] 9 BV 1/72 v. 29. 5. 72 = DB 72, 1440 f.

[15] BAG AP Nr. 5 zu § 40 BetrVG 72.

wäre nämlich die Folge, wenn die Betriebsratsmitglieder, die an gewerkschaftlichen Schulungsveranstaltungen teilnehmen wollen, die Kosten dafür aus eigenen Mitteln bestreiten müßten.

c) Das Verhältnis von § 40 Abs. 1 zu § 37 Abs. 6 BetrVG 72

Gegen einen Erstattungsanspruch wird auch die grundsätzliche Nichtanwendbarkeit des § 40 Abs. 1 BetrVG 72 bei der Teilnahme an Schulungskursen angeführt. § 37 Abs. 6 i. V. m. Abs. 2 und 3 BetrVG 72 sei lex specialis im Verhältnis zu § 40 Abs. 1 BetrVG 72. § 37 Abs. 6 stelle nur eine Regelung über Freistellung bzw. Lohnfortzahlung dar, so daß ein Rückgriff auf § 40 Abs. 1 BetrVG 72 und somit eine Kostenerstattung ausscheiden müßte[16].

Nach Ansicht des BAG ist jedoch § 37 Abs. 6 i. V. m. Abs. 2 und 3 BetrVG keine die Anwendung des § 40 Abs. 1 BetrVG 72 ausschließende Sonderregelung. Diese Vorschriften regeln unterschiedliche Tatbestände. § 40 Abs. 1 BetrVG 72 stellt eine Anspruchsgrundlage dar, aus welcher der Betriebsrat von dem Arbeitgeber Ersatz der durch die Tätigkeit des Betriebsrates entstandenen Sachkosten verlangen kann. Demgegenüber folgt aus § 37 Abs. 6 BetrVG 72 ein mit einem Freistellungsanspruch verbundener Lohnfortzahlungsanspruch des einzelnen Betriebsratsmitgliedes. Gemäß § 37 Abs. 2 BetrVG 72 hat das Betriebsratsmitglied einen solchen Anspruch für die Zeit während derer es Betriebsratstätigkeit ausübt. § 37 Abs. 6 BetrVG 72 stellt nunmehr klar, daß die Teilnahme an einem Schulungskurs ebenso zu behandeln ist. Während also § 37 Abs. 6 BetrVG 72 die materielle Sicherung des Betriebsratsmitgliedes für die Zeit der Teilnahme an einem Schulungskurs garantiert, kommt § 40 Abs. 1 BetrVG 72 — wie sich schon aus der Stellung im Gesetz am Ende des 3. Abschnitts (Geschäftsführung des Betriebsrates) ergibt — grundsätzliche Bedeutung für den gesamten Bereich der Kostenerstattung zu[17].

d) Der mögliche Verstoß gegen Art. 9 Abs. 3 GG

Ein weiterer Einwand beruht auf der Befürchtung, daß eine Erstattung der Schulungskosten einen Verstoß gegen Grundsätze des Koalitionsrechts darstellen könnte. So geht z. B. Ohlgardt[18] von der Grundkonstellation des Interessenwiderspruchs von Gewerkschaften und Arbeitgebern aus. Er meint, daß die Arbeitgeber nicht dazu gezwungen werden dürften, gegen sie selbst gerichtete Aktivitäten der

---

[16] Stege/Weinspach 2. A. S. 154; Schaub 1. A. S. 822 (nicht mehr 2. A. S. 886); Rohling Der Arbeitgeber 72, 425; im Ergebnis gleich: Eich DB 74, 91, 94.

[17] BAG AP Nr. 5 zu § 40 BetrVG 72.

[18] Ohlgardt BB 73, 333, 334; BB 73, 1216; BB 74, 1029, 1030.

Gewerkschaften zu finanzieren. Er vertritt dabei die Ansicht, daß die Betriebsratsmitglieder bei gewerkschaftlichen Kursen notwendig einseitig informiert werden müßten.

Eine völlig andere Betrachtung der tatsächlichen Gegebenheiten liegt der Kritik von Eich zugrunde[19]. Entgegen Ohlgardt sieht er zunächst eine Veränderung der Aufgabenstellung der Gewerkschaften in der heutigen Zeit gegenüber den Verhältnissen im 19. Jahrhundert. Aus ursprünglich nur auf die Vertretung der Interessen ihrer Mitglieder angelegten seien nunmehr geradezu öffentliche Verbände geworden, die „im Freiraum zwischen Staat und Gesellschaft angesiedelt" seien. Sie hätten dort im gesetzesfreien Raum zusammen mit den Arbeitgeberverbänden für einen sozialen Ausgleich zu sorgen. Ausgehend von dieser These kommt er zu dem Schluß, eine Kostenerstattung dürfe nicht stattfinden, da sonst

— die Parität zwischen den Verbänden durch solche Zahlungen verändert würde
— die Arbeitgeber letztendlich zur Finanzierung von gegen sie selbst gerichteten Aktionen gezwungen würden
— die Gewerkschaften dadurch zu einem „Transmissionsriemen in eine andere Gesellschaft" gemacht würden[20].

Nach Ansicht des BAG geht bei genauer Betrachtung auch diese Kritik ins Leere. Danach haben die Gewerkschaften heute keine einseitige Aufgabenstellung mehr. Der Gesetzgeber hat ihnen im Rahmen des Betriebsverfassungsgesetzes eine Unterstützungsfunktion zugedacht. Früher folgte dies aus § 49 BetrVG 52, heute aus § 2 Abs. 1 BetrVG 72. Daneben wird in § 2 Abs. 3 und § 74 Abs. 3 BetrVG 72 ausdrücklich auf die typischen Koalitionsaufgaben hingewiesen. Nach der Auffassung des BAG kommt so den Gewerkschaften heute in der Gesellschaft eine Ordnungsfunktion zu. Wenn dies aber so ist, kann nicht eingesehen werden, warum die Gewerkschaften außerstande sein sollten, nicht nur einseitig informierende Kurse zu veranstalten. Sind die dort vermittelten Informationen jedoch objektiv, so muß ihnen wie jedem anderen Veranstalter ein Anspruch auf Erstattung der entstandenen Unkosten zustehen. Dabei dürfen jedoch keine Gewinne erzielt werden[21].

2. Die uneingeschränkte Bejahung der Erstattungspflicht

Während die Vertreter der eben dargestellten Ansicht eine Erstattung selbst in den Fällen des § 37 Abs. 6 BetrVG 72 grundsätzlich ablehnen, besteht nach anderer Auffassung die Verpflichtung des Arbeit-

[19] Eich DB 74, 91, 92 f.
[20] Eich DB 74, 93 f.
[21] Vgl. BAG AP Nr. 2, 5 zu § 40 BetrVG 72.

gebers zur Kostenerstattung darüber hinaus sogar bei der Teilnahme an Kursen nach § 37 Abs. 7 BetrVG 72.

So stützen Dietz/Richardi[22] ihre Ansicht darauf, daß die Hervorhebung der Geeignetheit in § 37 Abs. 7 BetrVG 72 nur die Abgrenzung des dort vorgesehenen Bildungsurlaubs von der notwendigen Schulung nach § 37 Abs. 6 BetrVG 72 bewirken solle. Der Erstattungsanspruch gelte für alle in den Amtsbereich des Betriebsrates fallenden Tätigkeiten. Er erfasse damit auch Schulungskurse nach § 37 Abs. 7 BetrVG 72. Das Merkmal der Erforderlichkeit in § 40 BetrVG 72 diene nur zur Klärung der Frage, ob die Aufwendungen nach Art und Umfang erforderlich seien.

Schwegler[23] führt zwei Argumente an. Er unterscheidet zunächst die Bezugspunkte der Begriffe „erforderlich" und „geeignet". Während der erste sich auf die zu vermittelnden Kenntnisse beziehe, sei der zweite auf die Veranstaltung gemünzt. Da er — ausgehend von der Vorstellung des „informierten Betriebsrates" — ein weites Feld der Bildungsmöglichkeiten voraussetzt, genügen geeignete Kurse bei dem heute noch bestehenden Bildungsdefizit üblicherweise auch dem Anspruch, erforderliches Wissen zu vermitteln. Das zweite Argument ergibt sich für ihn aus der inhaltlichen Konzeption der Abs. 6 und 7 des § 37 BetrVG 72. Da in Kursen nach Abs. 7 ein Grundstock an Wissen gelegt und in denen nach Abs. 6 vertieft und ausgebaut werden solle, seien die Kosten für beide erstattungsfähig.

Auch die 10. Kammer des LAG Düsseldorf bejaht eine uneingeschränkte Erstattungspflicht des Arbeitgebers[24]. In diesem Beschluß finden sich sowohl eine gesetzessystematische als auch eine teleologische Argumentation. Zunächst wird die Freistellung nach § 37 Abs. 7 BetrVG 72 mit der nach Abs. 2 dieser Vorschrift gleichgesetzt. Unter dieser Voraussetzung bestehen dann keine Schwierigkeiten, einen Anspruch auf Erstattung der Schulungskosten für einen solchen Kurs aus § 40 Abs. 1 BetrVG 72 zu begründen. Daneben hält die Kammer die Belastung des Betriebsratsmitgliedes mit den Kosten für die Teilnahme an einem Kurs für eine unzulässige Benachteiligung. Da eine Verpflichtung der Gewerkschaften nicht vorgesehen sei, sie im übrigen dann möglicherweise für Nichtorganisierte zahlen müßten, auch die öffentliche Hand nach dem Willen des Gesetzgebers nicht verpflichtet werden sollte, bleibe also nur noch der Arbeitgeber als Träger der Kosten übrig.

Gegen alle vorgetragenen Argumente, die Erstattung generell auch auf Kurse nach § 37 Abs. 7 BetrVG 72 auszudehnen, spricht jedoch zu-

---

[22] D/R § 40 Rdnr. 23.

[23] Schwegler Bl. St. Soz. Arb. R. 72, 305, 312.

[24] LAG Düsseldorf 10 BV Ta 6/73 v. 14. 5. 73 = DB 73, 2048 f.

mindest, daß nur für die Betriebsratstätigkeit erforderliche Kosten erstattet werden sollen[25]. Kosten für Tätigkeiten, die der Wahrnehmung der Aufgaben des Betriebsrates lediglich dienlich sind, werden nicht erstattet. Bei den nach § 40 Abs. 2 BetrVG 72 zu erstattenden Kosten ergibt sich dies direkt aus dem Wortlaut des Gesetzes. In § 40 Abs. 1 BetrVG 72 ist von dieser Einschränkung ausdrücklich nicht die Rede. Auch hier soll jedoch nur an einen beschränkten Aufwand gedacht werden.

Für Dietz/Richardi[26] folgt dies aus einer parallelen Betrachtung des § 37 BetrVG 72. Da der Anspruch auf Arbeitsbefreiung ohne Minderung des Arbeitsentgeltes nur dann gerechtfertigt sei, wenn die Befreiung von der betrieblichen Tätigkeit nach Art und Umfang des Betriebes zur ordnungsgemäßen Durchführung der Betriebsratsaufgaben erforderlich sei, müsse dies auch für den Ersatz der dadurch verursachten Kosten gelten.

Nach Ansicht des BAG findet diese einschränkende Betrachtungsweise ihre Grundlage in dem allgemein geltenden Grundsatz der vertrauensvollen Zusammenarbeit (§ 2 Abs. 1 BetrVG 72). Daraus sei zu entnehmen, daß bei Schulungskursen nach § 37 Abs. 7 BetrVG 72 eine Erstattungspflicht des Arbeitgebers ausscheiden müsse[27].

3. Die Beschränkung des Erstattungsanspruchs auf Schulungskurse nach § 37 Abs. 6 BetrVG 72

Nach einer dritten, in Literatur und Rechtsprechung gleichermaßen stark vertretenen Ansicht soll ein Erstattungsanspruch nur bei Teilnahme an Schulungskursen nach § 37 Abs. 6 BetrVG 72 bestehen. Die zur Begründung der jeweiligen Meinung vorgebrachten Argumente können ergänzend zur Kritik der unter A I 2 dargestellten Auffassung herangezogen werden. Es bietet sich ein breites Spektrum unterschiedlicher Gedankengänge.

a) Die Parallele zu § 37 Abs. 2 BetrVG 72

Dütz/Säcker[28] und Klinkhammer[29] sehen in § 37 Abs. 6 BetrVG 72 nur die Fortschreibung der Rechtsprechung des BAG zu § 37 BetrVG 52. Die Teilnahme an Schulungskursen sei nur bei einem konkreten betrieblichen Anlaß als Betriebsratstätigkeit anzusehen. Nur in diesen Fällen

---

[25] F/A/K § 40 Rdnr. 12 c.

[26] D/R § 40 Rdnr. 5.

[27] 1 ABR 7/72 v. 31. 10. 72 = AP Nr. 2 zu § 40 BetrVG 72; AP Nr. 9 zu § 37 BetrVG 72.

[28] Dütz/Säcker DB Beil. 17/72 S. 9, 16.

[29] Klinkhammer BB 73, 1399, 1401.

komme daher eine Kostenerstattung in Betracht. Die Kosten für die Teilnahme an Schulungskursen nach § 37 Abs. 7 BetrVG 72, die keinen aktuellen betrieblichen Bezug haben müssen, seien daher von den Teilnehmern selbst aufzubringen.

b) Die Rechtsnatur der Ansprüche aus § 37 Abs. 6 und 7 BetrVG 72

Kittner[30] stützt dagegen seine Ansicht, Schulungskurse nach § 37 Abs. 7 BetrVG 72 von der Kostenerstattung auszunehmen, auf die unterschiedliche Rechtsnatur der Ansprüche aus § 37 Abs. 6 und 7 BetrVG 72. Bei der Teilnahme an einem Schulungskurs nach § 37 Abs. 6 BetrVG 72 handele es sich, da dort erforderliche Kenntnisse vermittelt würden, um Betriebsratstätigkeit. Der Betriebsrat habe daher gegenüber dem Arbeitgeber einen kollektiven Anspruch auf Kostenerstattung aus § 40 Abs. 1 BetrVG 72. Im Gegensatz dazu sei der Freistellungsanspruch aus § 37 Abs. 7 BetrVG 72 individualrechtlicher Natur. Eine Kostenerstattung, die allein aus § 40 Abs. 1 BetrVG 72 erfolgen könne, müsse daher entfallen.

c) Das Stufenverhältnis zwischen § 37 Abs. 6 und 7 BetrVG 72

Wiese[31] begründet seine Ansicht aus einem Stufenverhältnis zwischen § 37 Abs. 6 und 7 BetrVG 72. Er geht davon aus, daß üblicherweise Grundwissen in Schulungen nach § 37 Abs. 7 BetrVG 72, Spezialkenntnisse in solchen nach Abs. 6 der Vorschrift erworben werden. Zwar müsse nicht in jedem Fall die Möglichkeit aus Abs. 7 ausgeschöpft sein, bevor ein Kurs nach § 37 Abs. 6 BetrVG 72 absolviert werde, jedoch müsse die Teilnahme erforderlich sein. Würden solche Kenntnisse im Rahmen einer Schulung nach § 37 Abs. 7 BetrVG 72 erworben, seien die Kosten der Teilnahme nicht erforderlich im Sinne von § 40 Abs. 1 BetrVG 72. Diese formale Betrachtungsweise wird dadurch einsichtig, daß Wiese nicht nur die Erforderlichkeit der zu vermittelnden Kenntnisse, sondern auch die der Arbeitsbefreiung in seine Prüfung einbezieht[32].

d) Die Tätigkeit des Betriebsrates

Auch in der Rechtsprechung wird eine Erstattung der Kosten für die Teilnahme an Schulungen nach § 37 Abs. 7 BetrVG 72 im Gegensatz zu denen nach Abs. 6 abgelehnt. So hat z. B. das LAG Düsseldorf/Köln[33] die Teilnahme an einem Kurs nach § 37 Abs. 7 BetrVG 72 nicht als

---

[30] Kittner BB 72, 969 f.

[31] GK-Wiese § 40 Rdnr. 21.

[32] GK-Wiese § 37 Rdnr. 43.

[33] LAG Düsseldorf/Köln 3 BV Ta 14/73 v. 19. 3. 73 = DB 73, 2098 f.

Tätigkeit des Betriebsrates angesehen, so daß eine Erstattungspflicht des Arbeitgebers notwendigerweise ausscheiden mußte. Nach Ansicht des Gerichtes ist § 37 Abs. 7 BetrVG 72 eine klare Norm, die in sich nicht mehr erweiterungsfähig ist.

e) Die unterschiedliche Thematik

Eine andere Betrachtung liegt der ablehnenden Haltung anderer Gerichte zugrunde. So gehen z. B. das LAG Hamm[34] und das LAG Düsseldorf[35] von einer grundsätzlichen Unterscheidung der in den Kursen nach § 37 Abs. 6 und 7 BetrVG 72 behandelten Themen aus. Während Bildungsveranstaltungen nach Abs. 7 Grundlagen für eine erfolgreiche Betriebsratstätigkeit schaffen sollten, seien die Schulungskurse nach Abs. 6 zur Vermittlung aktuell erforderlichen Spezialwissens gedacht. Nur im letzten Fall sei die Teilnahme jedoch mit Betriebsratstätigkeit zu vergleichen, so daß auch nur hier eine Kostenerstattung in Betracht komme. Diese Ansicht wird jedoch vom BAG in ständiger Rechtsprechung[36] abgelehnt. Auch die Vermittlung von Grundwissen könne unter § 37 Abs. 6 BetrVG 72 fallen.

4. Die Vermittlung erforderlicher Kenntnisse in Kursen nach § 37 Abs. 7 BetrVG 72

Nach der unter A I 3 dargestellten Ansicht entscheidet die Teilnahme an einem konkreten Kurs über die Erstattungspflicht des Arbeitgebers. Dabei kann jedoch das Problem auftauchen, daß in einem Kurs nach § 37 Abs. 7 BetrVG 72 erforderliche Kenntnisse im Sinne von Abs. 6 vermittelt werden.

a) Die Behandlung des Problems in der Literatur

Daß in einem solchen Fall eine Kostenerstattung durchgeführt werden müßte, wird in dieser Deutlichkeit bislang nur von wenigen Autoren ausgesprochen. Mit der Begründung, es sei unbillig, sich auf eine rein formale Betrachtungsweise zurückzuziehen und in Fällen der erforderlichen Kenntnisvermittlung, die in Kursen nach § 37 Abs. 7 BetrVG 72 vorgenommen wird, die Kosten nicht zu erstatten, ändert Wiese[37] seine in seinem Kommentar noch anders lautende Meinung.

---

[34] LAG Hamm 8 Ta BV 42/73 v. 6. 9. 73 = DB 73, 2531 f.

[35] LAG Düsseldorf 4 Sa 773/73 v. 28. 9. 73 = DB 73, 2530 f.

[36] 1 ABR 6/73 v. 9. 10. 73 = AP Nr. 4 zu § 37 BetrVG 72; 1 ABR 8/73 v. 6. 11. 73 = AP Nr. 5 zu § 37 BetrVG 72; 1 ABR 41/73 v. 29. 1. 74 = AP Nr. 5 zu § 40 BetrVG 72.

[37] Wiese Anm. zu BAG AP Nr. 6 zu § 37 BetrVG 72 Bl. 6 R und 7.

Obwohl sie üblicherweise[38] als Vertreter einer extensiven Auslegung des § 40 Abs. 1 BetrVG 72 genannt werden, sind wohl auch Gnade/Kehrmann/Schneider[39] in diesem Sinne zu verstehen („... durch die er sich das für die Ausübung seines Amtes *erforderliche* Wissen aneignen soll.").

Ähnlich wie Wiese in seiner modifizierten Betrachtung äußern sich auch Fitting/Auffarth/Kaiser[40]. Sie befürchten eine nicht zu vertretende Ungleichbehandlung, je nach dem, ob die erforderlichen Kenntnisse in einem Kurs nach § 37 Abs. 6 oder 7 BetrVG 72 erworben wurden.

b) Die Ansicht der Rechtsprechung

In der Rechtsprechung ist bislang keine klare Äußerung zu finden. Es lassen sich jedoch Tendenzen feststellen. Wenn sie es auch im konkreten Fall ablehnten, so haben doch einige Gerichte durch die Art ihrer Entscheidungsbegründung erkennen lassen, daß für den Fall, daß in einem Kurs nach § 37 Abs. 7 BetrVG 72 erforderliche Kenntnisse vermittelt würden, eine Kostenerstattung in Betracht käme. Dies ergibt sich z. B. aus der Äußerung, Veranstaltungen nach § 37 Abs. 7 BetrVG 72 vermittelten in der Regel keine erforderlichen Kenntnisse. Außerdem wurden die Themenkataloge der den jeweiligen Entscheidungen zugrunde liegenden Veranstaltungen einer eingehenden Prüfung unterzogen[41].

Eine ähnliche Tendenz läßt sich in der Rechtsprechung des BAG feststellen[42]. Das Gericht lehnte wegen der Besonderheit des Falles eine Erstattung der Kosten ab. Die Veranstaltung hatte das Thema „Diskussion, Versammlung und Verhandlungstechnik". Trotz der Ablehnung im konkreten Fall lassen die Ausführungen in der Begründung dieser Entscheidung deutlich erkennen, daß bei einer erforderlichen Thematik die Entscheidung im Ergebnis anders ausgefallen wäre. Dort heißt es[43]:

> „Diese Gesichtspunkte können aber nicht für Schulungsveranstaltungen nach § 37 Abs. 7 BetrVG 72 durchgreifen, die lediglich ‚förderliche', aber nicht notwendige Kenntnisse vermitteln."

Für die Richtigkeit dieser Betrachtungsweise spricht auch folgende Überlegung: Nimmt ein Betriebsratsmitglied andere Informationsmöglichkeiten wahr, kauft es z. B. ein Buch für das Selbststudium, so wird auch beurteilt, ob das durch das Lesen des Buches vermittelte Sach-

---

[38] Vgl. F/A/K § 40 Rdnr. 12 a.
[39] G/K/S § 40 Rdnr. 4 a.
[40] F/A/K § 40 Rdnr. 12 c.
[41] LAG Düsseldorf 11 Ta BV 7/73 und 23/73 v. 17. 7. 73 = BB 74, 37, 38; 10 BV Ta 6/73 v. 14. 5. 73 = DB 73, 2048, 2049.
[42] BAG 1 ABR 26/73 v. 6. 11. 73 = AP Nr. 6 zu § 37 BetrVG 72.
[43] BAG ebd. Bl. 2 R.

wissen für die Betriebsratstätigkeit erforderlich war. Gleiches muß für die Teilnahme an einer Schulungsveranstaltung gelten. Hinsichtlich der Kostenerstattung gemäß § 40 Abs. 1 BetrVG 72 kommt es allein auf die Art des vermittelten Wissens an, nicht darauf, unter welcher Etikettierung der Kurs veranstaltet wurde.

II. Die Einschränkungen des Kostenerstattungsanspruchs

Wie bereits in der Einleitung kurz dargelegt wurde, kam das BAG ausgehend von der Entscheidung vom September 1974 in dem Beschluß vom 16. 3. 76 zu dem Ergebnis, daß die Begriffe „Erforderlichkeit" und „Verhältnismäßigkeit" neu zu bestimmen seien[44].

Diese Entscheidung stellte einen völligen Wandel in der Auffassung des Gerichts dar. Es wurde nun ein Schnitt gemacht zwischen der Erforderlichkeit der Schulung, deren Vorliegen an der Thematik gemessen werden soll, und Art und Umfang der dadurch verursachten Kosten, bei denen der Grundsatz der Verhältnismäßigkeit zu beachten ist. In der bisherigen Praxis war es zu einer ständigen Überschneidung beider Bereiche gekommen, einer Erscheinung, die der Rechtssicherheit nicht sehr zuträglich war. Dies wird im weiteren Verlauf der Arbeit noch deutlich werden, wenn die Einzelfragen des § 37 BetrVG 72 untersucht werden. Zunächst sollen erst einmal die beiden Grundbegriffe „Erforderlichkeit" und „Verhältnismäßigkeit" dargestellt werden, wobei die neue Rechtsprechung bereits eingearbeitet wird.

1. Die Erforderlichkeit der Teilnahme

Unter Berücksichtigung der einleitenden Bemerkung soll daher die Erforderlichkeit der vermittelten Kenntnisse im Vordergrund stehen. Bis zur endgültigen Klärung dieses Punktes durch die Rechtsprechung des BAG herrschte Streit um die allgemeinen Voraussetzungen der Erforderlichkeit der Teilnahme an einem Schulungskurs.

Nach einer Ansicht[45] stellte § 37 Abs. 6 BetrVG 72 nur die Kodifizierung der alten Rechtsprechung des BAG zu § 37 BetrVG 52 dar. Daher sollten auch weiterhin die dazu entwickelten einschränkenden Voraussetzungen gelten. Notwendig sei ein bestimmter, konkreter, betriebsbezogener Anlaß.

---

[44] BAG 1 ABR 23/74.

[45] E/J/K § 37 Rdnr. 26; Stege/Weinspach 2. A. S. 160; Hautmann/Schmidt S. 72; Bleistein Rdnr. 157; GK-Wiese § 37 Rdnr. 41; D/R § 37 Rdnr. 65; Kraft DB 73, 2519, 2521; Schell BB 73, 44, 45.

Nach anderer Meinung[46] sollte nur die Vermittlung von „Spezialkenntnissen“ erforderlich sein, während die Betriebsratsmitglieder sich „Grundwissen“ in Kursen nach § 37 Abs. 7 BetrVG 72 aneignen sollten.

Für eine sehr weite Auslegung des Begriffs „Erforderlichkeit“ traten dagegen Gnade/Kehrmann/Schneider[47], Däubler[48], Hässler[49], Lichtenstein[50], Siebert/Degen[51] und das ArbG Ulm[52] ein. Nach dieser Ansicht sind all die Kenntnisse als erforderlich anzusehen, die für die tägliche Arbeit des Betriebsrates geeignet sind.

In Fortsetzung seiner früheren Rechtsprechung vertritt das BAG[53] nun die Auffassung, die Teilnahme an einem Schulungskurs sei dann erforderlich, wenn der Betriebsrat unter Berücksichtigung der konkreten Situation im Betrieb und im Betriebsrat diese Kenntnisse zur Bewältigung gerade aktueller oder demnächst anstehender Probleme benötigt. Damit werden die erforderlichen Kenntnisse von den nur geeigneten abgegrenzt, die nur mit der Betriebsratstätigkeit in Verbindung stehen und dabei verwendbar sein müssen[54].

2. Der Grundsatz der Verhältnismäßigkeit

Wie schon kurz ausgeführt wurde, zieht das BAG zur Prüfung der Zulässigkeit von Art und Umfang der durch eine Schulungskursteilnahme entstandenen Sachkosten den Grundsatz der Verhältnismäßigkeit heran. Die Erforderlichkeit wird daneben schon bei der Prüfung des Tatbestandsmerkmals „Tätigkeit des Betriebsrates“ untersucht. Im Gesetz wird der Grundsatz der Verhältnismäßigkeit nirgendwo ausdrücklich erwähnt. Er erscheint erst in der neuen Rechtsprechung des BAG zu § 40 Abs. 1 BetrVG 72.

Schon in § 39 BetrVG 52 war ein Kostenerstattungsanspruch des Betriebsrates normiert, der allerdings faktisch nicht auf den Ersatz der durch eine Schulungskursteilnahme entstandenen Kosten ausgedehnt wurde[55]. Allerdings stellte das BAG in seiner Rechtsprechung zu dem

---

[46] LAG Hamm DB 72, 2491; LAG Düsseldorf DB 73, 2530; Klinkhammer BB 73, 1399.

[47] G/K/S § 37 Rdnr. 15.

[48] Däubler 1. A. S. 44.

[49] Geschäftsführung S. 48.

[50] Lichtenstein BetrR 72, 123, 154.

[51] Siebert/Degen § 37 3.).

[52] ArbG Ulm BB 73, 1027.

[53] Seit 1 ABR 6/73 v. 9. 10. 73 = DB 74, 146; bestätigt u. a. durch 1 ABR 8/73 v. 6. 11. 73 = AP Nr. 5 zu § 37 BetrVG 72; 1 ABR 39/73 v. 29. 1. 74 = Etzel S. 74; 1 ABR 41/73 v. 29. 1. 74 = DB 74, 1292.

[54] 1 ABR 26/73 v. 6. 11. 73 = AP Nr. 6 zu § 37 BetrVG 72; 1 ABR 5/73 v. 27. 11. 73 = DB 74, 830.

[55] s. o. A I.

allgemeinen Problem der Erstattung von Sachkosten heraus, daß die vom Betriebsrat verursachten Kosten erforderlich gewesen sein müßten, um erstattungsfähig zu sein. Das Gericht hat sich in zwei grundlegenden Entscheidungen[56] um einen angemessenen Maßstab zur Bestimmung der Erforderlichkeit bemüht. Es führte u. a. aus[57]:

„Die Tatsache allein, daß der Betriebsrat überhaupt Kosten verursacht hat, führt nicht unter allen Umständen dazu, daß der Arbeitgeber nach § 39 BetrVG diese Kosten zu tragen hätte. Zwar würde es eine unbillige Beschränkung der Tätigkeit des Betriebsrats bedeuten und dem Sinngehalt des Betriebsverfassungsrechts und insbesondere seines § 39 Abs. 1 nicht gerecht werden, wenn der Arbeitgeber nur diejenigen Kosten zu tragen hätte, die objektiv im konkreten Fall zwingend erforderlich waren. Der Bewegungsspielraum des Betriebsrats wäre dadurch zum Nachteil seiner eigenständigen Mitgestaltung des Betriebslebens und der Belange der Belegschaft eingeschränkt. Andererseits käme es zu einer ungerechtfertigten Beeinträchtigung der Belange des Arbeitgebers, wenn dieser grundsätzlich alle Kosten des Betriebsrats zu tragen hätte und nur dann von dieser Kostentragungspflicht befreit wäre, wenn der Betriebsrat die Kosten unter offenbarem Ermessensmißbrauch veranlaßte. Dem Sinngehalt des Betriebsverfassungsrechts wird es vielmehr allein gerecht, wenn der Arbeitgeber diejenigen Kosten zu tragen hat, die der Betriebsrat in vertretbarem Umfang macht. Das sind nicht nur die zwingend erforderlichen Kosten, sondern alle Kosten, deren Aufwendung der Betriebsrat nach Lage der Sache und in Anwendung des § 49 BetrVG, nach dem Gebot der vertrauensvollen, dem Wohle des Betriebes und seiner Arbeitnehmer dienenden Zusammenarbeit für erforderlich halten durfte."

Dieser Rechtsprechung entsprach bis zu einer grundsätzlichen Stellungnahme des BAG die in der Literatur herrschende Meinung zum Umfang der Erstattung im Rahmen des § 40 Abs. 1 BetrVG 72[58]. Es bestand lediglich Uneinigkeit über den Ursprung dieses Begriffes, der in der Norm selbst nicht vorhanden ist. Während Dietz/Richardi[59] den Grund in einer parallelen Betrachtung des § 37 Abs. 2 BetrVG 72 sahen, begründete die herrschende Lehre[60] ihre Ansicht mit dem allgemeinen Grundsatz der vertrauensvollen Zusammenarbeit, den das BAG in der Ausprägung der §§ 49, 53 BetrVG 52 im Rahmen des § 39 BetrVG 52 angewendet hatte. Auch in seiner Rechtsprechung zu § 40 Abs. 1 BetrVG 72 zog das Gericht wieder diesen Grundsatz, der nun in § 2 Abs. 1 BetrVG 72 seine Ausprägung gefunden hatte, heran. Allerdings stellte es nunmehr nicht mehr auf die Erforderlichkeit, sondern auf die Verhältnismäßigkeit der verursachten Kosten ab[61].

---

[56] 1 ABR 11/66 v. 18. 4. 67 = AP Nr. 7 zu § 39 BetrVG; 1 ABR 6/69 v. 24. 6. 69 = AP Nr. 8 zu § 39 BetrVG.

[57] In AP Nr. 7 zu § 39 BetrVG.

[58] E/J/K § 40 Rdnr. 3; Halberstadt/Zander 2. A. Rdnr. 459; Bleistein Rdnr. 172.

[59] D/R § 40 Rdnr. 5.

[60] s. o. Fn. 58.

Ein sachlicher Unterschied zu der früheren Auslegung des Grundsatzes der vertrauensvollen Zusammenarbeit wurde zunächst nicht gesehen[62]. Hier trat jedoch durch die bereits erwähnte neue Rechtsprechung des BAG eine Änderung ein[63]. Über die Erforderlichkeit der Teilnahme im Sinne des § 37 Abs. 6 BetrVG 72 entscheidet heute die Erforderlichkeit des dort vermittelten Wissens. Insofern ist die Erforderlichkeit des Wissens auch Voraussetzung für die Einschätzung der Teilnahme als Tätigkeit im Sinne von § 40 Abs. 1 BetrVG 72. Über die Erforderlichkeit hinaus stellt das BAG hinsichtlich des Kostenerstattungsanspruchs noch die weitere Voraussetzung auf, daß die verursachten Kosten nicht unverhältnismäßig sein dürften. Wie der Begriff der Verhältnismäßigkeit inhaltlich auszufüllen ist, steht bislang noch nicht fest. Es gibt lediglich einige Anhaltspunkte, die sich aus Entscheidungen im Einzelfall herleiten.

3. Die eingeschränkte Kostenerstattung nach dem PersVG 55

Ebenso wie das BetrVG 52 in § 37 Abs. 2 und § 39 Abs. 1 enthielt auch das PersVG 55 (§§ 42, 44) die Verpflichtung der Dienststelle, Personalratsmitglieder für erforderliche Tätigkeit freizustellen, das Entgelt weiter zu zahlen und grundsätzlich die Kosten für die Tätigkeit des Personalrats zu tragen. Hinsichtlich der Freistellung für die Teilnahme an Schulungskursen bestand Streit.

In der Literatur[64] herrschte die Auffassung, § 42 PersVG 55 sei auf die Freistellung zur Teilnahme an Bildungsveranstaltungen nicht anwendbar. Dies aus folgenden Gründen:

— Die Teilnahme an Schulungskursen zähle nicht zu den Dienstobliegenheiten der Personalratsmitglieder

— Das Kontrollratsgesetz Nr. 22, in dem eine solche Freistellung vorgesehen war, sei durch das PersVG 55 aufgehoben

— Die Schulung sei eine der Gewerkschaft obliegende Funktion, keine sich aus dem Amt des Personalrats ergebende Verpflichtung.

Entgegen dieser ziemlich einhelligen Ansicht in der Literatur erkannte die Rechtsprechung einen Freistellungsanspruch der Personalratsmitglieder für die Teilnahme an Schulungskursen an. Ebenso wie das BAG in seiner Entscheidung vom 10. 11. 54[65] gewährten der

---

[61] 1 ABR 7/72 v. 31. 10. 72 = AP Nr. 2 zu § 40 BetrVG 72; AP Nr. 9 zu § 37 BetrVG 72.

[62] GK-Wiese § 40 Rdnr. 5, 20; D/R § 40 Rdnr. 25; F/A/K § 40 Rdnr. 134; G/L § 40 Rdnr. 24.

[63] 1 ABR 23/74 v. 16. 3. 76.

[64] Vgl. Dietz § 42 Rdnr. 17 m. zahlr. Nw.

[65] AP Nr. 1 zu § 37 BetrVG.

BayVGH[66] und das OVG Münster[67] den antragstellenden Personalräten einen solchen Anspruch, wenn ein bestimmter, konkreter, betriebsbezogener Anlaß für die Vermittlung des Wissens um die Aufgaben des Personalrats und um die vom Gesetz geforderte Art und Weise ihrer Durchführung bestünde. Hinsichtlich der Höhe der Erstattung von Kosten ergab sich eine deutliche Parallele zur Rechtsprechung des BAG, wobei die Rechtsprechung des BVerwG zeitlich voranging. So nahm das BAG in seiner Entscheidung zu § 39 BetrVG 52[68] direkt Bezug auf die Rechtsprechung des BVerwG zu § 44 PersVG 55[69]. § 44 PersVG 55 sah ebenso wie § 39 BetrVG 52 die Kostenerstattungspflicht der Dienststelle für die Tätigkeit des Personalrats vor. Ebenso wie das BAG bemühte sich das BVerwG um eine Eindämmung der zu erstattenden Kosten für die Betriebsrats- (bzw. Personalrats-)Tätigkeit. Nachdem als erstes gefordert worden war, daß die Kosten bei der Erfüllung personalvertretungsrechtlicher Aufgaben entstanden sein müßten, führte das BVerwG aus[70]:

> „Darüber hinaus wird man dann eine Erstattungspflicht der dadurch entstandenen Kosten annehmen können, wenn und soweit die Ausführung von Reisen von dem Personalrat zur ordnungsgemäßen Erfüllung seiner ihm vom Gesetzgeber gestellten Aufgaben für vertretbar gehalten werden durfte. Bei der seiner Entschließung vorangehenden Prüfung ihrer Vertretbarkeit wird der Personalrat stets im Auge zu behalten haben, daß die Erstattung der Kosten aus öffentlichen Mitteln erfolgt."

Auch hinsichtlich des Umfangs der Nachprüfbarkeit entsprechen sich die Auffassungen der Gerichte zu den entsprechenden Vorschriften im BetrVG 52 und PersVG 55 im wesentlichen. Anerkannt war, daß die Dienststelle nicht für mutwillige und unsachgemäße Ausgaben des Personalrats aufkommen mußte[71]. Ausdruck der allgemeinen Ansicht sind die Ausführungen von Dietz[72] zu § 42 PersVG 55. Dort heißt es:

> „Sowenig die Entscheidung über die Notwendigkeit der Arbeitsversäumnis, d. h. der Unaufschiebbarkeit einer Amtshandlung, dem Ermessen des vielleicht geschäftigen und betriebsamen Mitglieds des Personalrats überlassen ist, sowenig ist es zulässig, die Entscheidung von einer objektiven Feststellung ex-post — ob damals die Arbeitsversäumnis notwendig war — abhängig zu machen; damit würde jedes verantwortungsfreudige Handeln unterbunden. In Anwendung eines allgemeinen Grundsatzes bei Geschäftsführung mit fremdem Risiko ist eine Arbeitsversäumnis als notwendig anzuerkennen, die der Betreffende nach pflichtgemäßem Er-

---

66 BayVGH Nr. 6 x 60 v. 14. 7. 60 = ZBR 61, 92.

67 OVG Münster CL 8/60 v. 5. 9. 60 = ZBR 61, 25.

68 AP Nr. 7 zu § 39 BetrVG.

69 BVerwG VII P 8. 61 v. 22. 6. 62 = AP Nr. 3 zu § 44 BPersVG.

70 BVerwG ebd.

71 Molitor § 44 Rdnr. 5.

72 Dietz § 42 Rdnr. 13 m. zahlr. Nw.

messen (subjektiv) auf Grund der gegebenen (objektiven) Tatsachen für notwendig halten durfte."

Dieser eigentlich für die Erforderlichkeit der Arbeitsversäumnis aufgestellte Grundsatz gilt sinngemäß auch für die Erforderlichkeit der verursachten Kosten[73]. In einer Entscheidung vom 24. 10. 69[74] lehnte das BVerwG die Erstattung der Reisekosten in einem solchen Fall ab, da die Teilnahme an Schulungskursen nicht als Tätigkeit des Personalrats anzusehen sei.

4. Die Beschränkung der Kostenerstattung nach dem PersVG 74

Entsprechende Regelungen wie die §§ 37 Abs. 6 und 7, 40 Abs. 1 BetrVG 72 enthält auch das PersVG 74 in seinen §§ 44 Abs. 1, 46 Abs. 6 und 7.

Die Kommentarliteratur verweist bei der Auslegung der Vorschriften durchgängig auf das BetrVG 72, bzw. auf die dazu ergangenen Entscheidungen des BAG[75].

Im wesentlichen kann daher auf die bereits oben gemachten Ausführungen verwiesen werden. Hinsichtlich des Grundsatzes der Verhältnismäßigkeit, der Art und Umfang der zu erstattenden Kosten betrifft, sind jedoch zwei Ausnahmen zu machen.

Im Betriebsverfassungsrecht taucht häufig die Frage auf, nach welchen Regeln Kosten abgerechnet werden, die durch Reisen des Betriebsrates verursacht werden. Hier wird dann oft auf die betrieblichen Reisekostenregelungen oder die LStRL 72 zurückgegriffen. Im Gegensatz dazu enthält § 44 Abs. 1 Satz 2 PersVG 74 bei Reisen, die der Wahrnehmung von Personalratsaufgaben dienen, eine grundsätzliche Regelung. Danach wird allen Personalratsmitgliedern, unabhängig von ihrer Dienststellung, die Reisekostenvergütung der Besoldungsstufe A 15 gewährt. Ebenso vertrat der Innenausschuß des Bundesrates die Meinung, daß bei jedem Schulungskurs, gleichgültig, ob er erforderlich oder geeignet sei, die Fahrtkosten zu erstatten seien[76].

III. Der Beschluß des Betriebsrats

Wie sich aus dem Wortlaut des § 37 Abs. 6 BetrVG 72 ergibt, hat der Betriebsrat bei der Festlegung der zeitlichen Lage der Veranstaltung

---

[73] Dietz § 44 Rdnr. 4.

[74] BVerwG VII P 12. 68 = BVerwGE 34, 141.

[75] Vgl. K/S/S/T/W § 44 Rdnr. 4; § 46 Rdnr. 20, 22; K/J S. 26 f.; G/W/J § 46 Rdnr. 45.

[76] K/J S. 27.

die betrieblichen Notwendigkeiten zu berücksichtigen. Daraus ergeben sich zwei Punkte, die einer näheren Prüfung unterzogen werden müssen. Zunächst ist zu fragen, welche Bedeutung der Beschluß des Betriebsrats für den Freistellungs- und Entgeltfortzahlungs- bzw. den Sachkostenerstattungsanspruch hat. Weiterhin stellt sich das Problem, ob eine Nichtberücksichtigung der betrieblichen Belange durch den Betriebsrat möglicherweise einen Verstoß gegen den Gedanken der Erforderlichkeit oder das Prinzip der Verhältnismäßigkeit darstellt.

1. Die Bedeutung des Betriebsratsbeschlusses

Der Beschluß des Betriebsrats, ein Mitglied zu einem Schulungskurs zu entsenden, ist Voraussetzung für dessen Anspruch auf Teilnahme und Fortzahlung des Entgeltes.

Dies entspricht im wesentlichen der allgemeinen Ansicht. Umstritten ist lediglich die Begründung. Dietz/Richardi[77] und Schwegler[78] vertreten die Auffassung, es handele sich um zwei nebeneinander stehende Ansprüche. Dem Betriebsrat stünde ein kollektiver, dem einzelnen Mitglied ein individueller Anspruch auf Teilnahme zu. Voraussetzung des Entstehens des individuellen Anspruchs sei jedoch die Beschlußfassung des Betriebsrats.

Nach ganz überwiegender Ansicht in Literatur und Rechtsprechung[79] folgt aus Sinn und Zweck der Vorschrift, daß durch die Beschlußfassung des Betriebsrats für das einzelne Betriebsratsmitglied ein abgeleiteter Individualanspruch entsteht. Der Betriebsrat solle als Gremium befähigt werden, die ihm nach dem Gesetz obliegenden Aufgaben sachgerecht zu erfüllen. Bei konkurrierenden Veranstaltungen soll dem Betriebsratsmitglied jedoch ein Wahlrecht zustehen. Dies folge aus der beschränkten Beschlußfassungsmöglichkeit des Betriebsrats, der nur über die Person des Teilnehmers und die zeitliche Lage des Kurses entscheiden könne[80].

Nach dem BetrVG 72 ist der Betriebsrat der alleinige Vertreter der Interessen der Belegschaft. Allerdings ist auch die Jugendvertretung mit Aufgaben betraut. Es fragt sich, ob der Beschluß der Jugendvertretung den des Betriebsrats ersetzen kann. Dies wird zum Teil bejaht. Einerseits folge dies allein aus der Tatsache der Zuweisung eines Auf-

---

[77] D/R § 37 Rdnr. 67.

[78] Schwegler Bl. St. Soz. Arb. R. 74, 305, 307.

[79] BAG 1 ABR 8/73 v. 6. 11. 73 = AP Nr. 5 zu § 37 BetrVG 72; E/J/K § 37 Rdnr. 26; G/K/S § 37 Rdnr. 18; GK-Wiese § 37 Rdnr. 40, 53 f.; F/A/K § 37 Rdnr. 57; Frauenkron § 37 Rdnr. 32; G/L § 37 Rdnr. 82; Dütz/Säcker Beil. DB 17/72 S. 17.

[80] Dütz/Säcker Beil. DB 17/72 S. 10.

gabenbereichs durch das Gesetz[81], andererseits soll dies aus der differenzierten Übertragung von Aufgaben an die Jugendvertretung hervorgehen[82]. Nach ganz herrschender Ansicht entscheidet jedoch der Betriebsrat über die Entsendung von Jugendvertretern zu einer Schulungsveranstaltung[83]. Allerdings ist bei der Beschlußfassung die Jugendvertretung gemäß § 67 Abs. 2 BetrVG 72 stimmberechtigt[84].

Dies aus folgenden Gründen:

— auch nach der Neuregelung des BetrVG kommt der Jugendvertretung nicht die Rechtsstellung eines eigenen Organs innerhalb des BetrVG zu

— alleiniger Interessenvertreter *aller* Arbeitnehmer eines Betriebes ist nach wie vor der Betriebsrat, dessen Unterstützung auch die Jugendvertretung bei der Verfolgung ihrer Ziele benötigt

— Da der Arbeitgeber durch eine solche Beschlußfassung finanziell erheblich belastet werden kann und da allein der Betriebsrat auf Grund seiner allgemeinen Sachkenntnis die betrieblichen Notwendigkeiten zutreffend beurteilen kann, muß die Beschlußfassung dem Betriebsrat vorbehalten bleiben.

2. Die Berücksichtigung der betrieblichen Notwendigkeiten

Gemäß § 37 Abs. 6 Satz 2 BetrVG 72 hat der Betriebsrat bei der Festlegung der zeitlichen Lage der Teilnahme die betrieblichen Notwendigkeiten zu berücksichtigen. Davon können nur die nicht nach § 38 BetrVG 72 freigestellten Betriebsratsmitglieder betroffen sein.

Umstritten ist hier, ob nur hinsichtlich der zeitlichen Lage betriebliche Notwendigkeiten zu beachten sind und welche Anforderungen daran zu stellen sind. Entgegen dem Wortlaut des Gesetzes hat der Betriebsrat bei der Beschlußfassung nach Ansicht von Erdmann/Jürging/Kammann[85] nicht nur hinsichtlich der zeitlichen Lage des Schulungskurses, sondern auch in bezug auf die Zahl der Teilnehmer und die Dauer des Schulungskurses auf die betrieblichen Notwendigkeiten Rücksicht zu nehmen. Eine Begründung für diese Abweichung vom Wortlaut des Gesetzes wird jedoch nicht gegeben. Auch Dietz/

---

[81] Däubler 2. A. S. 68.

[82] Lindner NJW 74, 1349.

[83] BAG 1 ABR 57/73 v. 10. 5. 74; 1 AZR 331/73 v. 20. 11. 73 = AP Nr. 1 zu § 65 BetrVG 72 = NJW 74, 879 f.; 1 ABR 86/73 v. 10. 6. 74; 1 AZR 451/73 v. 1. 10. 74; G/K/S § 65 Rdnr. 7 (ohne Begründung); D/R § 65 Rdnr. 31; E/J/K § 65 Rdnr. 13; F/A/K § 65 Rdnr. 12.

[84] F/A/K § 65 Rdnr. 12.

[85] E/J/K § 37 Rdnr. 27.

Richardi[86] halten bei einer Gefährdung betrieblicher Notwendigkeiten eine Auswahlentscheidung hinsichtlich der Teilnehmer auf Grund des § 37 Abs. 6 Satz 2 BetrVG 72 für möglich. Ausreichend sei eine Beeinträchtigung des Betriebsablaufs. In klarer Übereinstimmung mit dem insoweit eindeutigen Wortlaut des Gesetzes hat der Betriebsrat bei seiner Beschlußfassung nach der überwiegenden Literaturmeinung nur bei der Festlegung der zeitlichen Lage der Veranstaltung die betrieblichen Notwendigkeiten zu berücksichtigen[87].

Umstritten ist auch die Frage der zwingenden betrieblichen Notwendigkeiten. Während ein Teil der Literatur[88] schon die Beeinträchtigung betrieblicher Interessen ausreichen lassen will, stellt die herrschende Meinung[89] in Übereinstimmung mit dem Wortlaut des § 37 Abs. 6 Satz 2 BetrVG 72 strenge Anforderungen an die betrieblichen Notwendigkeiten, die eine Verschiebung der zeitlichen Lage der Schulungskursteilnahme nach sich ziehen können. Ein Beispiel dafür können Zeiten besonderen Arbeitsanfalls, das Weihnachtsgeschäft oder Schlußverkäufe, sein[90].

Bei einem Verstoß gegen die dargestellten Grundsätze kann der Arbeitgeber der Teilnahme widersprechen. Tut er dies, soll der Betriebsrat verpflichtet sein, die Durchführung seines Beschlusses zurückzustellen. Dies folge aus dem Grundsatz der vertrauensvollen Zusammenarbeit[91]. Der Betriebsrat sei in solchen Fällen verpflichtet, das ArbG anzurufen. Er müsse eine einstweilige Verfügung beantragen, die allerdings üblicherweise nur bei nicht wiederholbaren Veranstaltungen erteilt würde, meint Wiese[92].

Dagegen spricht jedoch, daß es sich bei der Teilnahme an Schulungsveranstaltungen um eigenverantwortliche, von der Zustimmung des Arbeitgebers unabhängige Betriebsratstätigkeit handelt[93].

Es sind jedoch Fälle denkbar, in denen der Arbeitgeber nicht nur widerspricht, sondern noch die Einigungsstelle oder das ArbG anruft. Diese Fälle sind genau zu unterscheiden. Das ArbG kann der Arbeitgeber anrufen, wenn er Zweifel an der Erforderlichkeit der Teilnahme hat. Es fragt sich, ob das Betriebsratsmitglied trotzdem an der Schu-

---

[86] D/R § 37 Rdnr. 68.

[87] GK-Wiese § 37 Rdnr. 55; G/K/S § 37 Rdnr. 17; F/A/K § 37 Rdnr. 77.

[88] E/J/K § 37 Rdnr. 27; D/R § 37 Rdnr. 68.

[89] F/A/K § 37 Rdnr. 77; GK-Wiese § 37 Rdnr. 55; Däubler 2. A. S. 62.

[90] F/A/K § 37 Rdnr. 77.

[91] E/J/K § 37 Rdnr. 30.

[92] GK-Wiese § 37 Rdnr. 59.

[93] BAG 1 ABR 1/73 v. 30. 1. 73 = AuR 74, 29, 31 m. Anm. Leinemann; 1 ABR 42/73 v. 13. 8. 74; Etzel Bl. St. Soz. Arb. R. 74, 215, 220; Däubler 2. A. S. 117; Küchenhoff § 37 Rdnr. 6; D/R § 37 Rdnr. 71.

lungsveranstaltung teilnehmen kann. Bei einer Arbeitsversäumnis im Sinne des § 37 Abs. 2 BetrVG 72 hat sich das Betriebsratsmitglied, um eine Behinderung seiner Tätigkeit auszuschließen, nur bei seinem Vorgesetzten abzumelden. Diese Grundsätze hält Wiese[94] aus tatsächlichen Gründen für nicht anwendbar. Eine genaue Begründung bleibt er jedoch schuldig. Es ist jedoch nicht einzusehen, warum die Anwendung dieser Grundsätze nicht möglich sein sollte. Einen Hinweis gibt schon die Verweisung auf Abs. 2 in § 37 Abs. 6 BetrVG 72. Bei der Anrufung des ArbG durch den Arbeitgeber reicht also die Abmeldung des Betriebsratsmitglieds aus[95].

Außerordentlich kompliziert ist dagegen die Rechtslage bei Anrufung der Einigungsstelle durch den Arbeitgeber wegen Nichtberücksichtigung der betrieblichen Notwendigkeiten bei der Festlegung der zeitlichen Lage der Teilnahme an einem Schulungskurs. Eine Entscheidung des BAG liegt noch nicht vor. Nach wohl überwiegender Ansicht soll der Betriebsrat verpflichtet sein, in diesem Fall sein Vorhaben zurückzustellen[96]. In den Fällen, in denen dadurch endgültige Tatsachen geschaffen werden könnten, soll er sich mit einer einstweiligen Verfügung zur Wehr setzen können. Diese ist z. B. dann zulässig, wenn der Widerspruch des Arbeitgebers offensichtlich unbegründet ist. Das ArbG kann auch Zwischenregelungen treffen[97].

Der Grund für die aufschiebende Wirkung der Anrufung der Einigungsstelle liegt nach dieser Ansicht in der vom Gesetz angeordneten Entscheidungskompetenz der Einigungsstelle. Daraus folge, daß ohne eine von ihr getroffene Entscheidung keine Handlung vorgenommen werden dürfe[98]. Der entgegengesetzten Ansicht[99] sei vorzuwerfen, daß sie nicht folgerichtig handele, wenn sie entgegen der zu diesem Punkt vertretenen Auffassung im Rahmen des § 87 BetrVG 72 einseitige Regelungen ablehne[100]. Gegen diese Ansicht sprechen jedoch verschiedene Argumente:

— Die Betriebsratsmitglieder sind durch den Betriebsratsbeschluß zur Teilnahme verpflichtet. Sie müssen also teilnehmen, wollen sie nicht eine Amtsenthebung gemäß § 23 Abs. 1 BetrVG 72 riskieren[101].

---

[94] GK-Wiese § 37 Rdnr. 59.

[95] G/K/S § 37 Rdnr. 17; Däubler 2. A. S. 117; einschränkend F/A/K § 37 Rdnr. 80 b.

[96] E/J/K § 37 Rdnr. 30; GK-Wiese § 37 Rdnr. 59; D/R § 37 Rdnr. 75; F/A/K § 37 Rdnr. 80 a.

[97] F/A/K § 37 Rdnr. 80 a; D/R § 37 Rdnr. 75.

[98] F/A/K/ § 37 Rdnr. 80 a.

[99] G/K/S § 37 Rdnr. 17; Däubler 2. A. S. 117.

[100] G/K/S § 87 Rdnr. 2.

— In nicht offensichtlich unbegründeten Fällen könnte der Arbeitgeber durch Anrufung der Einigungsstelle vollendete Tatsachen schaffen.

— Entgegen § 38 Abs. 2 BetrVG 72 enthält § 37 Abs. 6 keine solche Regelung. Ein Rückschluß läßt den Willen des Gesetzgebers erkennen, daß hier keine dissierende Wirkung eintreten soll.

— Da der Arbeitgeber eine einstweilige Verfügung beantragen kann, ist er auch nicht schutzlos.

— Der Haupteinwand richtet sich gegen den Vorwurf mangelnder Folgerichtigkeit. Im Rahmen des § 87 BetrVG 72 handelt es sich um Mitbestimmungsrechte. Dort würde eine einseitige Regelung Rechte der anderen Seite verletzen. Im Rahmen des § 37 Abs. 6 BetrVG 72 hat jedoch der BR grundsätzlich ein Alleinentscheidungsrecht[102].

Wie schon deutlich wurde, sind zwei Bereiche auseinander zu halten, innerhalb derer sich der Arbeitgeber gegen die Entsendung von Betriebsratsmitgliedern zu Schulungskursen zur Wehr setzen kann. Diesen Bereichen sind auch verschiedene Abhilfemöglichkeiten zugeordnet. Während bei einem Verstoß gegen den Grundsatz der Berücksichtigung betrieblicher Belange die Einigungsstelle zuständig ist, muß sich der Arbeitgeber mit dem Einwand, die Teilnahme sei nicht erforderlich, an das ArbG wenden. Schon diese organisatorische Trennung zeigt, daß beide Bereiche auch inhaltlich von einander zu trennen sind. Die Nichtberücksichtigung betrieblicher Notwendigkeiten führt also nicht zu einem Verstoß gegen den Grundsatz der Erforderlichkeit oder das Prinzip der Verhältnismäßigkeit.

IV. Themen

Die allgemeine Definition des Begriffes „Erforderlichkeit" wurde schon unter A II 1 behandelt. Dort wurde auch darauf hingewiesen, daß damit vor allem die Zulässigkeit der bei einer Schulungsveranstaltung behandelten Themen geprüft wird. Hinsichtlich der Erforderlichkeit ganz konkreter Schulungsinhalte ergibt sich bei einer Betrachtung von Literatur und Rechtsprechung folgendes Bild:

Nach allgemeiner Ansicht sind Schulungen anläßlich der Einführung eines neuen Gesetzes, insbesondere des BetrVG 72[103], eines neuen Tarif-

---

[101] G/K/S § 37 Rdnr. 17.

[102] Teichmüller S. 16 f.

[103] E/J/K § 37 Rdnr. 26; D/R § 37 Rdnr. 60; G/L § 37 Rdnr. 71; F/A/K § 37 Rdnr. 56, Brecht § 37 Rdnr. 10; Bleistein Rdnr. 157; Hautmann/Schmidt § 37 5.); Siebert/Degen § 37 3.); Stege/Weinspach 2. A. S. 160.

vertrages[104] oder eines entscheidenden Wandels in der Rechtsprechung des BAG[105] als erforderlich anzusehen.

Kenntnisse in anderen Sachgebieten werden dagegen nur von jeweils wenigen Autoren als erforderlich angesehen. Dazu gehören z. B. Kenntnisse über Leistungsentlohnung[106], Arbeitsschutz[107], Personalplanung[108], Arbeitswissenschaft[109], Arbeitnehmererfindungen[110], Vermögensbildung[111] und die Vermittlung von allgemeinen Grundkenntnissen an neugewählte Betriebsratsmitglieder[112]. Umstritten ist, ob allgemeine rechtliche Kenntnisse (vor allem im Arbeits- und Sozialversicherungsrecht) erforderlich sind[113]. Während Siebert/Degen[114] auch allgemeine Grundkenntnisse in der Wirtschafts- und Sozialpolitik, Kenntnisse über gesellschaftliche und politische Zusammenhänge und vor allem der Gewerkschaftspolitik für erforderlich ansehen, besteht in diesen Fällen eine ziemlich große Übereinstimmung der Mehrzahl der anderen Autoren, die Erforderlichkeit dieser Kenntnisse abzulehnen. Für nicht erforderlich gehalten werden insbesondere:

— allgemein bildende, künstlerische und unterhaltende[115]

— allgemein politische[116]

— wirtschaftspolitische[117]

— gewerkschaftspolitische[118]

— rechtspolitische[119]

— sozialpolitische Kenntnisse[120]

---

[104] E/J/K; D/R; F/A/K; Bleistein; Siebert/Degen; Stege/Weinspach alle wie Fn. 103.

[105] Brecht § 37 Rdnr. 10; G/L § 37 Rdnr. 72; D/R § 37 Rdnr. 63; F/A/K § 37 Rdnr. 56.

[106] Brecht; G/L; D/R; F/A/K alle wie Fn. 105.

[107] Brecht; G/L; F/A/K alle wie Fn. 105.

[108] Brecht; F/A/K alle wie Fn. 105.

[109] Brecht; G/L; F/A/K alle wie Fn. 105.

[110] G/L § 37 Rdnr. 72.

[111] G/L § 37 Rdnr. 72.

[112] G/L § 37 Rdnr. 72; D/R § 37 Rdnr. 65.

[113] bejahend: F/A/K § 37 Rdnr. 56; Siebert/Degen § 37 3.); ablehnend: E/J/K § 37 Rdnr. 26; Stege/Weinspach 2. A. S. 161.

[114] Siebert/Degen § 37 3.).

[115] Brecht § 37 Rdnr. 10; E/J/K § 37 Rdnr. 26; F/A/K § 37 Rdnr. 56.

[116] Bleistein Rdnr. 157; D/R § 37 Rdnr. 63; F/A/K § 37 Rdnr. 56.

[117] Bleistein Rdnr. 157; Stege/Weinspach 2. A. S. 161; E/J/K § 37 Rdnr. 26; GK-Wiese § 37 Rdnr. 42; G/L § 37 Rdnr. 73; D/R § 37 Rdnr. 63.

[118] Bleistein; Stege/Weinspach; G/L; E/J/K; D/R alle wie Fn. 117.

[119] Stege/Weinspach; G/L alle wie Fn. 117.

[120] GK-Wiese; G/L alle wie Fn. 117.

— der Erwerb allgemeinen technischen Wissens[121]

— die Teilnahme an Kursen über Rhetorik und Verhandlungstechnik[122]

Es darf jedoch nicht übersehen werden, daß nur in den wenigsten Fällen das Thema allein über die Erforderlichkeit der Teilnahme entscheidet. Die Wahl eines von der Thematik her zulässigen Schulungskurses ist zwar notwendige, nicht jedoch hinreichende Bedingung für die Bejahung der Erforderlichkeit. Ebenso beachtlich sind die Komponenten „Aktualität des Themas im Betrieb" und „Vorkenntnisse".

Es gibt Themenbereiche, die — wie etwa die Arbeitssicherheit[123] — stets aktuell sind. Einer besonderen Begründung der Aktualität bedarf es hier nicht. Ebenso ist eine Schulung über das Thema BetrVG 72, das gegenüber dem alten Recht erhebliche Änderungen gebracht hat[124], zumindest im Anschluß an die Gesetzesänderung erforderlich[125].

Schulungskurse mit den Themen Arbeitswissenschaft, Akkord- und Prämienentlohnung können ebenfalls erforderlich sein[126]. Hier müssen jedoch die allgemeinen Voraussetzungen, d. h. Aktualität dieser Probleme im Betrieb, vorliegen.

Eine Schulung kann auch dann nicht erforderlich sein, wenn schon Vorkenntnisse vorhanden sind, eine Schulung also nicht zum Erwerb neuen Wissens führen würde. Dies kann sogar dann gelten, wenn ein Mitglied des Betriebsrats über Kenntnisse verfügt, die sich ein anderes Mitglied durch die Schulungskursteilnahme verschaffen will[127]. Dies ist jedoch nicht zwingend. Wenn ein Mitglied eines Ausschusses ausreichende Kenntnisse besitzt und die anderen Mitglieder unterrichten könnte, kann dennoch ein weiteres Ausschußmitglied zu einer Schulung entsandt werden, wenn der Betriebsrat eine Unterrichtung durch das bereits geschulte Mitglied nicht für ausreichend hält[128].

Exakte Maßstäbe für die Erforderlichkeit lassen sich also in dieser Hinsicht nicht erkennen.

---

[121] GK-Wiese § 37 Rdnr. 42.

[122] G/L § 37 Rdnr. 73.

[123] BAG 1 ABR 59/73 v. 23. 4. 74 = AuR 74, 186; 1 ABR 109 und 110/73 v. 15. 5. 75; 1 ABR 139/73 v. 10. 6. 75.

[124] BAG 1 ABR 46/73 v. 5. 2. 74.

[125] BAG 1 ABR 10/72 v. 31. 10. 72; 1 ABR 5/73 v. 27. 11. 73 = DB 74, 830; 1 ABR 72/73 v. 8. 10. 74 = DB 75, 698; 1 ABR 143/73 v. 29. 4. 75.

[126] BAG 1 ABR 66/73 v. 27. 8. 74 = AuR 74, 312; 1 ABR 75/73 v. 8. 10. 74.

[127] BAG 1 ABR 79/73 v. 12. 11. 74.

[128] BAG 1 ABR 59/73 v. 23. 4. 74 = AuR 74, 186.

V. Personenkreis

Die Erforderlichkeit der Teilnahme wird auch dazu herangezogen, den Personenkreis festzulegen, der an einer gewerkschaftlichen Schulungs- und Bildungsveranstaltung teilnehmen darf.

In der Literatur ergibt sich folgendes Bild: Eine sehr restriktive Ansicht sieht als mögliche Kursteilnehmer nur den Betriebsratsvorsitzenden und dessen Stellvertreter an[129]. Nach der wohl überwiegenden Meinung in der Literatur sind hier die Nuancen jedoch etwas anders zu setzen. Danach sind *auf jeden Fall* die Vorsitzenden der Betriebsräte und ihre Stellvertreter als zulässige Schulungskursteilnehmer anzusehen[130]. Darüber hinaus hat jedes Betriebsratsmitglied, um eine sachgerechte Betriebsratsarbeit zu ermöglichen, einen Anspruch auf Unterrichtung im BetrVG 72[131]. Gemäß § 65 Abs. 1 BetrVG 72 kommen auch Jugendvertreter als Kursteilnehmer in Betracht[132]. Bei der Entsendung zu Schulungsveranstaltungen sollte der Betriebsrat vorrangig Freigestellte oder Mitglieder von Fachausschüssen berücksichtigen[133, 134]. Nicht erforderlich soll die Teilnahme von Vertrauensleuten[135] und Ersatzmitgliedern sein, solange sie noch nicht nachgerückt sind[136].

Nach wie vor ergehen auch heute noch Entscheidungen, die sich am früheren Meinungsstand in der Rechtsprechung orientieren. Für diese Entscheidungen ist das Herausarbeiten von Kriterien auf jeden Fall wichtig. Es ist aber auch zu erwarten, daß die hier angewandten Maßstäbe Eingang in die Verhältnismäßigkeitsprüfung finden werden. Es handelt sich dabei ja lediglich um eine Änderung des Ortes, an dem der Gesichtspunkt des zulässigen Personenkreises untersucht wird. Auch hier wird es wichtig sein, die Maßstäbe des BAG zu kennen. Diese werden nachfolgend untersucht werden.

Nach der Rechtsprechung des BAG ist vor allem auf die vom Gesetz vorgesehene Aufgabenstellung der einzelnen Betriebsratsmitglieder abzustellen. So haben z. B. alle Mitglieder einen Anspruch auf Teilnahme an einem Schulungskurs über das BetrVG 72, da sie sonst die ihnen nach dem Gesetz obliegenden Aufgaben nicht sachgerecht erfüllen könnten[137]. Wegen ihres beschränkten Aufgabenkreises gilt dies jedoch

[129] Hautmann/Schmidt § 37 3.).
[130] E/J/K § 37 Rdnr. 27; G/L § 37 Rdnr. 95; D/R § 37 Rdnr. 66.
[131] E/J/K § 37 Rdnr. 27; F/A/K § 37 Rdnr. 58; GK-Wiese § 37 Rdnr. 45.
[132] G/L; D/R wie Fn. 130; F/A/K § 37 Rdnr. 60 b.
[133] Stege/Weinspach 2. A. S. 161; E/J/K; GK-Wiese wie Fn. 131.
[134] F/A/K § 37 Rdnr. 57 a; E/J/K; GK-Wiese wie Fn. 131.
[135] G/L § 37 Rdnr. 97; D/R § 37 Rdnr. 66; F/A/K § 37 Rdnr. 60 c.
[136] F/A/K § 37 Rdnr. 60 c.
[137] BAG 1 ABR 5/73 v. 27. 11. 73 = DB 74, 830.

nicht für die Mitglieder des Wahlvorstands. Diese werden auf das Eigenstudium oder auf eine Unterrichtung durch Kollegen verwiesen[138]. Eine Ausnahme besteht jedoch dann, wenn ein Wahlvorstandsmitglied zum ersten Mal gewählt wurde und bei seinen Kollegen keine entsprechenden Kenntnisse vorhanden sind[139]. Der beschränkte Aufgabenkreis ist auch bei der Schulung von Jugendvertretern zu beachten. Daher kann eine Unterrichtung über das gesamte BetrVG 72 entfallen[140]. Unter Berücksichtigung dieser Voraussetzung wurde jedoch bei einigen Schulungen die teilweise Erforderlichkeit bejaht. Dies betraf als Ausschnitte aus dem gesamten Schulungsprogramm folgende Themen:

— Zielsetzung und Aufgaben der Betriebsjugendvertretung nach dem neuen BetrVG
— Geschäftsführung der Jugendvertretung
— Jugendversammlung und Betriebsversammlung
— Die Zusammenarbeit zwischen Betriebsrat und Jugendvertretung, Möglichkeiten und Grenzen[141]

Da aber die Jugendvertretung ohne Kenntnis der einschlägigen Vorschriften z. B. den Betriebsrat als das für die Wahrnehmung der Interessen aller Betriebsangehörigen zuständige Organ nicht auf Mißstände im Bereich der jugendlichen Beschäftigten aufmerksam machen kann, überdachte das BAG seine Haltung in neuerer Zeit[142]. Auch früher galten diese Einschränkungen nicht für erstmalig gewählte Mitglieder der Jugendvertretung[143]. Eine Schulung kommt für Mitglieder der Akkordkommission auch dann in Betracht, wenn nur in einer Abteilung des Betriebes nach Akkord gearbeitet wird[144].

Auch hier ist also festzustellen, daß das BAG nicht in jedem Fall eine konsequente Linie vertritt. Der selbstgeschaffene Obersatz, die Teilnahmeberechtigung hänge von den Aufgaben im Rahmen der Betriebsverfassung ab, wurde in der Rechtsprechung des BAG nicht so konkretisiert, daß der Betriebsrat bei seiner Entscheidung über die Erforderlichkeit der Teilnahme eine weitgehend zweifelsfreie Voraus-

---

[138] BAG 1 ABR 71/72 v. 26. 6. 73; 1 AZR 170/73 v. 26. 6. 73 = DB 73, 1955.

[139] BAG 1 ABR 71/72 v. 26. 6. 73.

[140] BAG 1 ABR 135/73 v. 6. 5. 73; 1 ABR 60, 62, 63/73 v. 10. 5. 73 = DB 74, 1772.

[141] BAG 1 AZR 451/73 v. 1. 10. 74.

[142] BAG 1 ABR 107/73 v. 6. 5. 75; vgl. auch LAG Berlin 7 Ta BV 2/73 v. 6. 9. 73 = Etzel S. 75; LAG Niedersachsen 4 Ta BV 44/73 v. 24. 4. 74 = Teichmüller S. 40.

[143] BAG 1 ABR 60/73 v. 10. 5. 74; 1 ABR 62/73 v. 10. 5. 74 = AuR 74, 215; 1 ABR 63/73 v. 10. 5. 74 = AuR 74, 215.

[144] BAG 1 ABR 31/73 v. 5. 2. 74.

sage über eine eventuelle Entscheidung der Arbeitsgerichte machen könnte.

VI. Die Dauer von Schulungs- und Bildungsveranstaltungen

Ebenso wie bei der Einführung in den Abschnitt A V muß auch hier wieder darauf hingewiesen werden, daß im Gegensatz zu den nachfolgenden Ausführungen das BAG heute zur Bestimmung der Dauer von Schulungsveranstaltungen den Grundsatz der Verhältnismäßigkeit heranziehen will. Die dazu gemachten Ausführungen[145] gelten auch hier.

Auch die Literatur prüft die zulässige Dauer von Schulungsveranstaltungen unter dem Gesichtspunkt der Erforderlichkeit. So vertraten Erdmann/Jürging/Kammann[146] die Ansicht, im Regelfalle dürfte eine solche Schulung nur ein bis zwei Tage dauern. Dietz/Richardi[147] stellten die Faustregel auf, daß ein Schulungskurs üblicherweise zwei, allenfalls drei Tage dauern dürfte. Diese Einschränkung ergäbe sich daraus, daß

— nur erforderliche Kenntnisse vermittelt werden dürften

— betriebliche Belange zu berücksichtigen wären

— das Verhältnis zu § 37 Abs. 7 BetrVG 72 beachtet werden müßte[148]

Die überwiegende Meinung in der Literatur vertritt demgegenüber die Auffassung, dem Gesetz lasse sich keine zeitliche Begrenzung entnehmen, alleiniger Maßstab könne daher nur die sachliche Notwendigkeit der Schulung sein[149]. Dabei seien der Schulungsinhalt, Umfang und Schwierigkeit der behandelten Materie, die von den betrieblichen Verhältnissen beeinflußt werde, und der Wissensstand innerhalb des Betriebsrats zu berücksichtigen[150].

Das BAG stellte zunächst einige Grundregeln auf, nach denen beurteilt werden kann, ob die Dauer eines konkreten Schulungskurses noch als erforderlich angesehen werden kann. Zu beachten ist das Verhältnis von § 37 Abs. 6 zu Abs. 7 BetrVG 72. Nach Ansicht des BAG ist aus der Existenz von Abs. 7 eine eingeschränkte Auslegung des Abs. 6 abzuleiten[151]. Von Bedeutung für die Dauer eines Schulungskurses ist

[145] s. o. A V.

[146] E/J/K § 37 Rdnr. 27.

[147] D/R § 37 Rdnr. 69.

[148] D/R § 37 Rdnr. 69.

[149] G/K/S § 37 Rdnr. 15; GK-Wiese § 37 Rdnr. 46; G/L § 37 Rdnr. 79; F/A/K § 37 Rdnr. 60.

[150] F/A/K § 37 Rdnr. 60.

[151] BAG 1 ABR 89/73 v. 26. 11. 74.

auch — wie schon bei der Festlegung des Personenkreises — der Umfang des Aufgabenbereiches der Kursteilnehmer. Dies gilt vor allem bei Jugendvertretern[152]. In einzelnen Entscheidungen stellte das BAG, auch wenn dies im einzelnen Fall vielleicht abgelehnt wurde, fest, wie lange Schulungskurse dauern dürfen, um noch als erforderlich gelten zu können. Für generell zulässig erachtet wurden Kurse mit folgender Dauer:

— 5 Tage[153]

— 6 Tage[154]

— 7 Tage[155]

— 14 Tage[156]

VII. Die Art der zu erstattenden Kosten

Auch die Frage nach der Art der erstattungsfähigen Kosten war lange Zeit umstritten. Da sie mangels „Tätigkeit" des Betriebsrats im Sinne von § 40 Abs. 1 BetrVG 72 jegliche Kostenerstattung prinzipiell ablehnen, sind nach Meinung von Erdmann/Jürging/Kammann[157] die Aufwendungen für Verpflegung, Übernachtung und Teilnehmerbeiträge vom teilnehmenden Betriebsratsmitglied selbst zu tragen. Wie jedoch schon gezeigt wurde[158], ist nach Ansicht des BAG auch die Schulungskursteilnahme als Betriebsratstätigkeit anzusehen. Die grundsätzlichen Bedenken der Autoren und die darauf basierende Ablehnung der Kostenerstattung können nicht überzeugen.

Nach ansonsten einhelliger Ansicht in der Literatur sind den Teilnehmern an solchen Veranstaltungen die Fahrt-, Verpflegungs- und Übernachtungskosten zu erstatten, da eine Schulung an zentraler Stelle effektiver ist[159].

---

152 BAG 1 ABR 89/73 v. 26. 11. 74.

153 BAG 1 ABR 60/73 v. 10. 5. 74.

154 BAG 1 ABR 8/73 v. 6. 11. 73 = AP Nr. 5 zu § 37 BetrVG 72; 1 ABR 26/73 v. 6. 11. 73 = AP Nr. 6 zu § 37 BetrVG 72; 1 ABR 41/73 v. 29. 1. 74 = DB 74, 1292; 1 ABR 73/73 v. 21. 5. 74 = BB 74, 1637; 1 ABR 75/73 v. 8. 10. 74.

155 BAG 1 ABR 6/73 v. 9. 10. 73 = DB 74, 146; 1 ABR 15/73 v. 6. 11. 73 = AuR 74, 25; 1 ABR 59/73 v. 23. 4. 74 = AuR 74, 186; 1 ABR 60/73 v. 10. 5. 74; 1 ABR 63/73 v. 10. 5. 74 = AuR 74, 215; 1 ABR 57/73 v. 10. 5. 74 = DB 74, 1773; 1 ABR 47/73 v. 10. 5. 74 = DB 74, 2162; 1 ABR 62/73 v. 10. 5. 74 = AuR 74, 215; 1 ABR 136/73 v. 10. 6. 74 = BB 74, 1210; 1 ABR 66/73 v. 27. 8. 74 = AuR 74, 312; 1 AZR 574/73 v. 17. 9. 74; 1 AZR 451/73 v. 1. 10. 74.

156 BAG 1 ABR 89/73 v. 26. 11. 74; LAG Bremen 1 Ta BV 25/73 v. 30. 11. 73.

157 E/J/K § 40 Rdnr. 8.

158 s. o. A I 1 a.

159 F/A/K § 40 Rdnr. 13; GK-Wiese § 40 Rdnr. 20; D/R § 40 Rdnr. 25; G/K/S § 40 Rdnr. 4; G/L § 40 Rdnr. 25; Ohlgardt BB 73, 287, 288 f.

Umstritten ist dagegen, ob der AG auch die Kurs- bzw. Teilnehmergebühren tragen muß. Während die überwiegende Ansicht[160] dies wie selbstverständlich bejaht, wird jedoch auch kritisiert, daß in einem solchen Fall der sozialpolitische Gegenspieler finanziert werde[161]. Dieses Argument wurde bereits bei der Erörterung der grundsätzlichen Zulässigkeit der Kostenerstattung behandelt[162]. Es darf hier kurz in Erinnerung gerufen werden, daß das BAG[163] hierzu festgestellt hat, ein Verstoß liege nur dann vor, wenn die Gewerkschaften aus solchen Veranstaltungen finanziellen Nutzen ziehen könnten. Während das LAG Frankfurt/M.[164] und das LAG Bremen[165] ohne jede Einschränkung die Kosten für die Benutzung von Tagungsräumen, für die sachlichen Unkosten und die Referentenhonorare für erstattungsfähig erklären, steuert das BAG — von seinem Ausgangspunkt der Unzulässigkeit der Gewinnerzielung aus betrachtet — einen äußerst folgerichtigen Kurs. So führte es bereits in seinem Beschluß vom 5. 2. 74[166] folgendes aus:

„Zumindest ein Anspruch auf Erstattung der bei der Durchführung von Schulungs- und Bildungsveranstaltungen in den eigenen Bildungsstätten der Gewerkschaften anfallenden *Generalunkosten* dürfte kaum in Betracht kommen."

Dieser Beschluß wurde in seiner Bedeutung ganz offensichtlich völlig unterschätzt. Däubler[167] mißt ihm keine allzu große Bedeutung bei. Entgegen der Erwartung der baldigen Korrektur dieser Rechtsprechung blieb das BAG auch in einer seiner jüngsten Entscheidungen[168] voll auf der vorgezeichneten Linie. Darin wird näher ausgeführt, was unter dem Begriff der Generalunkosten zu verstehen ist. Zunächst wird ganz pauschal die Erstattung persönlicher und sächlicher Kosten abgelehnt. In den weiteren Ausführungen wird dies jedoch weitgehend relativiert. Als nicht erstattungsfähig gelten demnach die Kosten für eigene (hauptamtliche) Referenten und eigene Einrichtungen der Gewerkschaft. Der Obersatz dieser Ausführungen kann lauten: Solche Kosten sind dann nicht erstattungsfähig, wenn sie auch sonst — unabhängig von der konkreten Schulung — entstanden wären. Erstattungsfähig sind dagegen die klar abgrenzbaren, darüber hinausgehenden Kosten. Diese Ausführungen gelten jedoch nur dann, wenn Träger des Schulungskurses die zuständige Gewerkschaft oder Spitzenorganisation ist. Wird

[160] F/A/K; D/R; GK-Wiese; G/K/S alle wie Fn. 159; Däubler 2. A. S. 109.
[161] G/L § 40 Rdnr. 28 f.; Ohlgardt BB 73, 287, 289.
[162] A I 1 d.
[163] BAG AP Nr. 2, 5 zu § 40 BetrVG 72.
[164] LAG Frankfurt/M. 5 Ta BV 48/73 v. 11. 9. 73.
[165] LAG Bremen 1 Ta BV 25/73 v. 30. 11. 73.
[166] BAG 1 ABR 46/73.
[167] Däubler 2. A. S. 112 Fn. 75.
[168] BAG 1 ABR 44/73 v. 28. 5. 76.

die Veranstaltung von einer anderen Gewerkschaft durchgeführt, greift der Erstattungsanspruch ohne diese Einschränkung durch.

Ebenso geklärt ist nun das Problem des Zehrgeldes für den An- und den Abreisetag. Eine Erstattung dieser Kosten wurde oft unter Verweis auf die Entscheidung des BAG vom 29. 1. 74[169] abgelehnt. Dort heißt es jedoch:

> „Die Gewährung eines sogenannten zusätzlichen ‚Zehrgeldes' in Höhe von DM 5,— je Tag und Teilnehmer *neben der Erstattung von Verpflegungskosten* dürfte unter Berücksichtigung des § 37 Abs. 1 und § 78 BetrVG 72 nicht in Betracht kommen."

Von dieser Entscheidung nicht berührt werden die Spesen für die Reisetage. Sie haben die Funktion, die üblicherweise hohen Preise für Speisen, Getränke, Erfrischungen usw. auf Bahnhöfen, in Speisewagen und ähnlichen Einrichtungen auszugleichen.

Dies wurde auch vom BAG erkannt. In einer weiteren Entscheidung zu dieser Frage wurde die Erstattungsfähigkeit bejaht[170].

VIII. Der Umfang der zu erstattenden Kosten

Bereits unter A II wurde ganz allgemein ausgeführt, daß der Grundsatz der Verhältnismäßigkeit zur Beschränkung der im Rahmen des § 40 Abs. 1 BetrVG 72 zu erstattenden Kosten herangezogen wird.

Er wird bei der Prüfung einer ganzen Reihe von Sachpunkten angewendet. Danach sollen sich z. B. bestimmen:

— die Zahl der zu entsendenden Betriebsratsmitglieder[171]

— die Wahl des Schulungsortes[172]

— die Wahl der Anreisemöglichkeit[173]

— die Höhe der zu erstattenden Kosten[174]

1. Die Zahl der zu entsendenden Betriebsratsmitglieder

Wie schon festgestellt wurde[175], soll nach der neuen Rechtsprechung des BAG der Grundsatz der Verhältnismäßigkeit über die Anzahl der

---

169 BAG 1 ABR 41/73 = DB 74, 1292, 1294.

170 BAG 1 ABR 66/73 v. 27. 8. 74 = teilweise veröffentlicht in AuR 74, 312; DB 74, 1725.

171 BAG AP Nr. 2 zu § 40 BetrVG 72.

172 G/L § 40 Rdnr. 24; F/A/K § 40 Rdnr. 13.

173 G/L § 40 Rdnr. 24.

174 BAG AP Nr. 2 zu § 40 BetrVG 72; F/A/K § 40 Rdnr. 13; D/R § 40 Rdnr. 25.

175 Einleitung, A V.

zu einem Schulungskurs zu entsendenden Betriebsratsmitglieder entscheiden. Dies deutete sich zwar bereits in der grundlegenden Entscheidung des BAG vom 31. 10. 72[176] an, wurde jedoch nicht konsequent verwirklicht. Die Maßstäbe nach denen in der Praxis verfahren werden soll, lassen sich den neuen Entscheidungen allerdings nicht entnehmen. In der Vergangenheit wurde stets der Grundsatz der Erforderlichkeit zur Bestimmung der zulässigen Teilnehmerzahl herangezogen. An den dort gefundenen Daten wird man sich wohl zunächst weiter orientieren müssen.

2. Die Dauer des Schulungskurses

Hinsichtlich der Dauer des Schulungskurses gilt Ähnliches wie bei der Frage der Anzahl der zu entsendenden Betriebsratsmitglieder. Auch hier wurde bislang auf die Erforderlichkeit abgestellt.

Gewisse, wenn auch nicht sehr konkrete Ansätze finden sich jedoch in den Entscheidungen des BAG vom 27. 9. 74[177] und vom 29. 4. 75[178]. Dort wird u. a. ausgeführt:

> „Das Prinzip der Verhältnismäßigkeit legt deshalb dem Betriebsrat die Pflicht auf, zu prüfen, ob die für eine Schulung anfallenden Kosten noch mit der Größe und Leistungsfähigkeit des Betriebes zu vereinbaren sind. Bei dieser Prüfung kann die *Dauer* der Schulung von Bedeutung sein. Das Zeitmoment kann auch insoweit eine Rolle spielen, als bei der Entsendung eines Betriebsratsmitglieds zu einer Schulung zu berücksichtigen ist, ob und inwieweit zur ordnungsgemäßen Durchführung der im Betrieb des Arbeitgebers anfallenden Betriebsaufgaben zukünftig noch weitere Schulungen erforderlich und vorgesehen sind. Ist dies nicht auszuschließen, dann ist ggf. der Grundsatz der Verhältnismäßigkeit nicht mehr gewahrt, wenn der Zeitaufwand im Hinblick auf die begrenzte Thematik der Schulung und die deshalb unter Umständen noch erforderlichen und vorgesehenen weiteren Schulungen zu einer unverhältnismäßig großen Belastung des Arbeitgebers führen würden. Überschreitet der Zeit- und (oder) Kostenaufwand den Rahmen des nach den Verhältnissen Zumutbaren, so kann der Betriebsrat die Erstattung der Kosten in diesem Rahmen und nur anteilig verlangen."

Konkrete, im Einzelfall bereits verwertbare Maßstäbe, die das Risiko des Betriebsrates, in einem eventuell anhängig gemachten Beschlußverfahren zu unterliegen, beseitigen oder zumindest erheblich verringern könnten, liegen also bislang nicht vor.

3. Die Wahl des Schulungsortes

Auch hinsichtlich der Wahl des Schulungsortes können sich aus dem Prinzip der Verhältnismäßigkeit Einschränkungen ergeben. Grund-

---

[176] BAG 1 ABR 7/72 = AP Nr. 2 zu § 40 BetrVG 72.
[177] BAG 1 ABR 71/73 = DB 75, 504.
[178] BAG 1 ABR 144/73.

sätzlich gilt, daß der Betriebsrat die von ihm verursachten Kosten so gering wie möglich zu halten und deshalb im Zweifel der ortsnäheren Schulung den Vorzug zu geben hat. Gegen diesen Grundsatz der ortsnahen Schulung richtet sich die Rechtsprechung einiger Landesarbeitsgerichte[179], wenn auch mit unterschiedlicher Schärfe. Auch in der Rechtsprechung des BAG und in der herrschenden Lehre werden Einschränkungen gemacht. Grundsätzlich werden zwei Argumente gegen den Grundsatz angeführt:

— Zunächst kann eine Ausnahme dann gemacht werden, wenn in dem entscheidenden Zeitraum eine Schulung am Wohnort des Betriebsratsmitglieds nicht möglich war[180].

— Entscheidender scheint jedoch das Argument, das bereits vom LAG Frankfurt/M.[181] seiner Entscheidung zugrunde gelegt worden war.

Schulungen, die an einem zentral gelegenen Ort mit speziell ausgebildeten Lehrkräften und unter Einsatz moderner pädagogischer Hilfsmittel durchgeführt werden, sind erfahrungsgemäß effektiver als am Wohnort in eigens dafür angemieteten Hotels oder Gaststätten durchgeführte Veranstaltungen. Bestimmte Themenbereiche erfordern die Demonstration von Geräten, z. B. die Vorführung von Meßgeräten für Gas, Dämpfe oder Staub oder speziell eingerichtete Ausbildungsplätze wie z. B. Ergonometrieausbildungsplätze[182].

Allerdings muß der Grundsatz der ortsnahen Schulung bei mehreren gleichartigen Schulungen wieder beachtet werden[183]. Jedoch hat der Betriebsrat dabei einen gewissen Beurteilungsspielraum. Wenn eine qualitativ höherwertige Schulung mit höheren Kosten verbunden ist, kann er sie trotzdem wählen. Er ist nicht zur Wahl der kostengünstigsten Alternative verpflichtet[184].

Fraglich ist, wie sich der Betriebsrat zu verhalten hat, wenn der Arbeitgeber ein Ausbildungsangebot macht. Es wird vertreten, daß in einem solchen Fall eine unüberschreitbare Schranke für die Entscheidungsfreiheit des Betriebsrats gegeben sei[185]. Es ist jedoch zu differenzieren: Voraussetzung weiterer Überlegungen ist die Tatsache, daß der Arbeitgeber einen Schulungsort anbietet, der in gleicher Weise wie der vom Betriebsrat ins Auge gefaßte qualifiziert ist. Es müssen also ver-

---

179 Vgl. Etzel S. 96 f. m. zahlr. Nw.

180 BAG 1 ABR 59/73 v. 29. 4. 74 = AuR 74, 186.

181 LAG Frankfurt/M. 5 Ta BV 48/73 v. 11. 9. 73 = Etzel, S. 96.

182 BAG 1 ABR 46/73 v. 5. 2. 74; 1 ABR 39/73 v. 29. 1. 74; Etzel S. 97; Däubler 2. A. S. 107; Teichmüller S. 55 f.

183 BAG 1 ABR 59/73 v. 23. 4. 74 = AuR 74, 186.

184 F/A/K § 40 Rdnr. 13.

185 Klinkhammer BB 73, 1399, 1401.

gleichbare technische und didaktische Bedingungen geboten werden. Außerdem müßte der Betriebsrat auch hinsichtlich der zeitlichen Lage des Kurses beschließen können. Dieses Angebot müßte zu einem Zeitpunkt gemacht werden, in dem der Betriebsrat noch sachgerecht abwägen kann, ob ggf. die Teilnahme an diesem Kurs der an einem anderen vorzuziehen ist. Angebote, die diesen Voraussetzungen nicht genügen, müssen schon aus den oben genannten Gründen ausscheiden.

Problematisch ist die Entscheidung dann, wenn der Arbeitgeber tatsächlich rechtzeitig ein ähnlich qualifiziertes Angebot macht. Hier sind zwei Gesichtspunkte zu beachten. Durch solche Angebote könnte der Beurteilungsspielraum des Betriebsrats eingeschränkt und das verfassungsmäßig garantierte Recht der Gewerkschaften auf Veranstaltung von Schulungen verletzt werden[186]. Andererseits ist durchaus der theoretische Fall denkbar, daß sich vergleichbare Schulungsangebote gegenüberstehen. In einem solchen Fall müßte das Angebot des Arbeitgebers theoretisch vorgezogen werden. Zunächst ist einzuwenden, daß dieser Fall äußerst selten eintreten wird. Darüber hinaus werden aber oft große Abgrenzungsschwierigkeiten hinsichtlich der Vergleichbarkeit der Kurse entstehen. Eine endgültige Klärung könnte nur das BAG herbeiführen. Allein die Dauer eines solchen Verfahrens macht solche Überlegungen illusorisch. Da der Betriebsrat für den Fall der Annahme des Arbeitgeberangebotes kein Rechtsschutzbedürfnis für einen Erstattungsantrag hätte, bliebe bei der Teilnahme an solchen Kursen die Frage der Vergleichbarkeit immer ungeklärt. Der Betriebsrat würde also möglicherweise häufig der Teilnahme eines Mitglieds an einem nicht vergleichbaren Kurs zustimmen. Diese Ungewißheit darf nicht zu seinen Lasten gehen. Im Regelfall steht dem Betriebsrat daher ein durch das Angebot des Arbeitgebers nicht eingeschränkter Beurteilungsspielraum zur Verfügung. Eine Einschränkung würde sich nach diesen Grundsätzen nur dann ergeben, wenn der Betriebsrat in Schädigungsabsicht das Arbeitgeberangebot ausschlüge oder das Angebot des Arbeitgebers klar besser qualifiziert wäre als das vom Betriebsrat gewählte.

Zusammenfassend ist festzustellen, daß die Möglichkeit, der Betriebsrat könnte in seiner Entscheidungsfreiheit behindert sein, dazu führt, daß ein Schulungsangebot des Arbeitgebers — von wenigen Ausnahmen abgesehen — den Betriebsrat in seiner Entscheidung nicht bindet.

---

[186] Däubler 2. A. S. 108.

4. Die Wahl der Anreisemöglichkeit

Mit der Frage des Schulungsortes verbindet sich auch die der benutzten Anreisemöglichkeit. Galperin/Löwisch[187] wollen aus dem Grundsatz der Verhältnismäßigkeit die Wahl des kostengünstigsten Anmarschweges herleiten. Folgerichtig müßte sich dies auch auf die Wahl der benutzten Wagenklasse in der Eisenbahn erstrecken. Zu dieser Frage gibt es eine ganze Reihe einschlägiger Entscheidungen.

Einige Instanzgerichte[188] haben den reisenden Betriebsratsmitgliedern die Benutzung der 1. Wagenklasse ermöglicht. Dagegen hat das BAG[189] in seiner ersten Entscheidung zu dieser Frage das Begünstigungsverbot des § 78 Satz 2 BetrVG 72 herangezogen und ausgeführt, daß die Betriebsratsmitglieder sich bei der Fahrt zu einer Schulungsveranstaltung genauso behandeln lassen müßten, wie es im Rahmen ihres Arbeitsvertrages üblich sei. Müßte ein Betriebsratsmitglied die 2. Wagenklasse benutzen, wenn es eine Geschäftsreise unternähme, so könnte es bei der Wahrnehmung von Betriebsratsaufgaben nicht in der 1. Wagenklasse fahren, es sei denn, bei langen Fahrten sei dies im Betrieb allgemein üblich. Diese Rechtsprechung stieß auf Kritik. Bemängelt wurde insbesondere:

— Reisen zur Erfüllung von Betriebsratsaufgaben seien etwas völlig anderes als solche, die im Rahmen des Arbeitsvertrages durchgeführt würden
— Die Differenzierung innerhalb des Betriebsrates sei nicht begründbar
— Es müsse auf den bei der Verursachung sonstiger Kosten üblichen Maßstab des „Für-erforderlich-halten-Dürfens“ zurückgegriffen werden
— Die Anzahl der Verbindungen 1. und 2. Klasse müsse berücksichtigt werden
— Die Fahrtdauer könne unterschiedlich sein
— Durch den Zwang zur Benutzung der 2. Wagenklasse könnte mehrfaches Umsteigen erforderlich und dadurch eine Übernachtung verursacht werden
— Während der Hauptreisezeit könne die Benutzung der 2. Wagenklasse unzumutbar sein[190].

---

[187] G/L § 40 Rdnr. 24.
[188] LAG Bremen BB 74, 184; vgl. Teichmüller S. 61.
[189] BAG 1 ABR 46/73 v. 5. 2. 74.
[190] Däubler 2. A. S. 108; Teichmüller S. 56 ff.

Nachdem das BAG seine alte Rechtsprechung bis zur Entscheidung vom 29. 4. 75[191] aufrechterhalten hatte, traten in neuerer Zeit leichte Veränderungen auf, die offenbar auf die geltend gemachte Kritik zurückzuführen sind. So wurde in den Entscheidungen vom 16. 3. 76[192] eingeräumt, daß auch andere Gesichtspunkte wie z. B. Schnelligkeit, Ersparnis von Übernachtung oder die zeitliche Lage von Zugverbindungen zur Zulässigkeit der Benutzung der 1. Wagenklasse führen könnten.

5. Die Höhe der Kosten

Wie schon gezeigt[193], führte das BAG bei der Wahl der Wagenklasse aus, das Betriebsratsmitglied müsse sich bei der Wahl der Wagenklasse genauso behandeln lassen, wie es bei einer normalen Dienstfahrt der Fall wäre. Dieser Grundsatz soll auch auf den Ersatz der sonstigen Reisekosten übertragen werden. Beim Bestehen einer betrieblichen Reisekostenregelung soll diese, ansonsten, wenn allgemein so verfahren würde, die LStRL 72 angewendet werden[194].

Selbst, wenn eine betriebliche Reisekostenregelung erkennbar nicht auf den vollen Ersatz der entstandenen Kosten abzielt, müssen sich die Betriebsratsmitglieder darauf verweisen lassen, wenn es für sie zumutbar ist, um nicht gegen das Begünstigungsverbot des § 78 Satz 2 BetrVG 72 zu verstoßen[195].

Bei der Aufstellung einer Reisekostenregelung wird davon ausgegangen, daß der Reisende über den ihm zur Verfügung gestellten Betrag frei verfügen kann. Anders liegt jedoch der Fall, wenn vom Veranstalter ein fester Betrag in Rechnung gestellt wird, der vom Teilnehmer nicht beeinflußt werden kann[196]. In einem solchen Fall würde es einen Verstoß gegen das Benachteiligungsverbot des § 78 Satz 2 BetrVG 72 bedeuten, wollte man nicht die gesamten entstehenden Kosten erstatten, die im vorliegenden Fall noch im Rahmen der LStRL lagen.

In einer Entscheidung vom 17. 9. 74[197] vertrat dann das BAG ganz deutlich die Ansicht, die Reisekostenregelungen seien jedenfalls dann

---

191 BAG 1 ABR 40/74 = demnächst AP Nr. 9 zu § 40 BetrVG 72.

192 BAG 1 ABR 46 und 47/74.

193 A VIII 4.

194 BAG 1 ABR 34/73 v. 29. 1. 74 = AP Nr. 8 zu § 37 BetrVG 72; G/L § 40 Rdnr. 24; F/A/K § 40 Rdnr. 13 a; GK-Wiese § 40 Rdnr. 6.

195 BAG 1 ABR 34/73 v. 29. 1. 74 = AP Nr. 8 zu § 37 BetrVG 72; 1 ABR 98/73 = AP Nr. 6 zu § 40 BetrVG 72; 1 ABR 104/73 v. 23. 6. 75; 1 ABR 14/74 v. 23. 6. 75.

196 BAG 1 ABR 39/73 v. 29. 1. 74 = DB 74, 293; Wiese Bl. St. Soz. Arb. R. 74, 353, 356.

197 BAG 1 ABR 98/73 = DB 75, 452.

anwendbar, „wenn die geltend gemachten Kosten von dem einzelnen Betriebsratsmitglied beeinflußt werden konnten. Insofern unterscheidet sich der hier in Rede stehende Anspruch der Antragsteller auf Erstattung von Verzehrkosten von den Kosten, die ihnen vom Veranstalter in Rechnung gestellt wurden. Dort handelte es sich nämlich um den Tagessatz für internatsmäßige Unterbringung der Schulungsteilnehmer, die vom einzelnen Teilnehmer jedenfalls im allgemeinen nicht weiter beeinflußbar ist".

Das gilt jedoch nur für die Fälle, in denen die Abrechnung üblicherweise nach diesen Richtlinien erfolgt. Auch höhere, über die Grenzen der LStRL hinausgehende Kosten sind von der Erstattung nicht ausgeschlossen. Dies ergibt sich schon daraus, daß bei den darüber hinausgehenden Kosten ein Abzug der Haushaltsersparnis durchgeführt wird[198]. Daneben kann es jedoch als gesichert gelten, daß die im Abschnitt 21 der LStRL 72 angeführten Erfahrungssätze nicht als übersetzt angesehen werden[199].

Es ist also festzustellen, daß im Normalfall die Kostenerstattung nach dem im Betrieb üblichen Verfahren durchgeführt wird. Dabei tritt oft das Problem auf, daß Betriebsratsmitglieder in ihrer Eigenschaft als Arbeitnehmer verschiedenen Reisekostenstufen angehören. In der Literatur wird verlangt, daß hier eine einheitliche Erstattung erfolgen müsse, da sonst die Teilnehmer in gleicher Funktion — als Betriebsratsmitglieder — unterschiedliche Beträge erstattet bekämen. Es sollte in betrieblichen Reisekostenordnungen eine besondere Stufe für Betriebsratsmitglieder gebildet oder die parallele Behandlung zu einer bereits bestehenden Reisekostenstufe vereinbart werden[200]. Andere stellen dagegen ganz konsequent auf die betriebliche Stellung der Betriebsratsmitglieder ab[201]. Der letzteren Ansicht schloß sich das BAG in seinen Entscheidungen vom 23. 6. 75[202] an. Danach müßten wegen § 78 Satz 2 BetrVG 72 die Betriebsratsmitglieder bei solchen Anlässen genauso wie in ihrer Eigenschaft als Arbeitnehmer behandelt werden. Auch eine parallele Betrachtung des § 44 Abs. 1 PersVG 74, das im übrigen erst nach dem BetrVG 72 in Kraft getreten sei, könne an dieser Ansicht nichts ändern. Wenn dort allen Personalratsmitgliedern die Kosten nach der für die Besoldungsstufe A 15 geltenden Regelung erstattet würden, so könne daraus nur entnommen werden, daß auch die Personalratsmitglieder bei der Kostenverursachung nicht völlig frei seien, sondern sich auf allgemeine Richtlinien verweisen lassen müßten. Weiter wird ausgeführt:

198 Vgl. Däubler 2. A. S. 111.
199 BAG 1 ABR 46/73 v. 5. 2. 74.
200 G/L § 40 Rdnr. 25; F/A/K § 40 Rdnr. 13 a.
201 GK-Wiese § 40 Rdnr. 6; D/R § 40 Rdnr. 17.
202 BAG 1 ABR 104/73; 1 ABR 14/74.

„Der Senat ist der Ansicht, das Reisekostenrecht für Angehörige des öffentlichen Dienstes stelle der Sache nach dabei nichts anderes dar als eine der betrieblichen Reisekostenregelung entsprechende Regelung; den Unterschied sieht der Senat nur darin, daß erstere für den gesamten Bereich des öffentlichen Dienstes gilt, während außerhalb des öffentlichen Dienstes die Ausgestaltung von Arbeitgeber zu Arbeitgeber unterschiedlich sein kann und vielfach auch unterschiedlich ist. Auch der Hinweis der Antragsteller, daß die Personalratsmitglieder bei der Abrechnung ihrer Reisekostenvergütung unabhängig von der Höhe gleichbehandelt werden, gibt für den vorliegenden Fall nichts her. Die Personalratsmitglieder sind in dieser ihrer Eigenschaft lediglich alle einer einheitlichen Reisekostenstufe zugeordnet, unabhängig davon, ob für sie sonst eine höhere oder niedere Reisekostenstufe gilt. Der Gesamtbereich des öffentlichen Dienstes wird also als eine Einheit gesehen, innerhalb der die einzelnen Personalratsmitglieder eine gleiche Behandlung erfahren. Daraus kann für die dem Betriebsverfassungsrecht unterfallenden, je für sich selbständigen Betriebe keine Schlußfolgerung gezogen werden."

Geklärt ist auch das Problem der Haushaltsersparnis, das bereits kurz angesprochen wurde. In den Fällen, in denen innerhalb der Grenzen der LStRL 72 abgerechnet wird, gilt sie als mitberücksichtigt[203]. In den darüber hinausgehenden Fällen wird als Haushaltsersparnis $^1/_5$ des Gesamtbetrages, höchstens jedoch DM 4,— abgezogen (Abschnitt 21 Ziff. 5 III f der LStRL 72). Dagegen wurden Bedenken erhoben, da das Betriebsratsmitglied möglicherweise die Kosten nicht beeinflussen konnte und im normalen Arbeitnehmerhaushalt — allein schon wegen der während der Reise auftretenden höheren Kosten für Getränke usw. — die Ersparnis sich erfahrungsgemäß nicht auswirken wird[204]. Dieser Gedanke wurde auch in der Rechtsprechung berücksichtigt. Bei längerer Kursdauer ist aus den angegebenen Gründen keine Haushaltsersparnis festzustellen. Bei einer Kurzschulung kann jedoch eine Ersparnis eintreten. Abgerechnet wird in diesen Fällen nach den dargestellten Grundsätzen.

IX. Der Träger von Schulungsveranstaltungen

Ebenso umstritten wie die Frage der grundsätzlichen Kostenerstattungspflicht des Arbeitgebers ist auch das Problem, wer zulässigerweise Träger von Schulungsveranstaltungen sein kann.

Insbesondere Ohlgardt[205] hat koalitionsrechtliche Bedenken, wenn die Gewerkschaften als Träger von Schulungs- und Bildungsveranstaltungen auftreten. Ebenso als Kritiker dieser Tatsache wird auch Buchner[206]

[203] BAG 1 ABR 39/73 v. 29. 1. 74; 1 ABR 46/73 v. 5. 2. 74.
[204] Däubler 2. A. S. 111; Teichmüller S. 54 f.
[205] Ohlgardt BB 73, 333, 334 (wurde unter A I d bereits näher ausgeführt).
[206] Buchner DB 72, 1236, 1239 (zit. z. B. von D/R § 40 Rdnr. 25).

zitiert. Dabei wird jedoch übersehen, daß er lediglich Bedenken gegen die Erhebung einer Teilnehmergebühr erhebt, um eine Finanzierung des sozialen Gegenspielers zu verhindern.

Diese Auffassung deckt sich weitgehend mit den Ausführungen des BAG über den Umfang der Erstattung von Schulungskosten. Auch dort wurde die Erstattung von Generalunkosten ausgeschlossen.

Für das Recht der Gewerkschaften, Schulungs- und Bildungsveranstaltungen durchzuführen, sprechen eine ganze Reihe von Gründen. So hat das BAG in einer Entscheidung zu § 37 BetrVG 52[207] bereits das Recht der Gewerkschaften zu solchen Veranstaltungen anerkannt, da diese im Rahmen der Betriebsverfassung eine Unterstützungsfunktion wahrnähmen. Diese Auffassung wurde im übrigen in der Entscheidung vom 31. 10. 72[208] auch auf das neue Recht übertragen.

Für das Veranstaltungsrecht spricht auch, daß den Gewerkschaften nach Art. 9 Abs. 3 GG ein garantierter Kernbereich der Betätigung zusteht[209]. Die für den Bereich der Personalvertretung getroffene Entscheidung gilt in ihrer Allgemeinheit auch im Bereich des Betriebsverfassungsrechts[210]. Zwar sollen keine Statusrechte begründet werden, jedoch wird ein Kommunikationsrecht bei der Personalratswahl gewährleistet. Ein Informationsrecht, daß sich hier nur auf objektive Mitteilungen, nicht auf subjektive Agitation in eigener Sache bezieht, steht den Gewerkschaften daher auch bei der Veranstaltung von Schulungskursen zu. Ein prinzipieller Ausschluß der gewerkschaftlichen Schulungsmöglichkeiten würde auch gegen das Gebot der vertrauensvollen Zusammenarbeit verstoßen, da die Gewerkschaften im Rahmen der Betriebsverfassung eine Hilfsfunktion wahrnehmen[211].

Interessant ist auch eine von Däubler[212] gezogene Parallele zu der durch Art. 7 Abs. 4 GG garantierten Privatschulfreiheit. In einer dazu ergangenen Entscheidung hat das BVerwG[213] die Verpflichtung des Staates ausgesprochen, anerkannte Privatschulen finanziell zu unterstützen und somit in diesem Punkt dem Sozialauftrag des GG zu genügen. Wenngleich es hier um das Verhältnis von privaten und öffentlichen Schulträgern ging, so kann der Entscheidung doch entnommen werden, daß bestimmte Schulträger nicht durch untragbare finanzielle Belastungen völlig zurückgedrängt werden sollen. Daraus folgert

[207] BAG 1 AZR 19/53 v. 10. 11. 54 = AP Nr. 1 zu § 37 BetrVG.
[208] BAG 1 ABR 7/72 = AP Nr. 2 zu § 40 BetrVG 72.
[209] BVerfG 4, 96, 106; 19, 303, 319.
[210] D/R § 2 Rdnr. 61.
[211] Dütz/Säcker Beilage DB 17/72 S. 8; Däubler 2. A. S. 81; Richardi Anm. zu AP Nr. 2 zu § 40 BetrVG 72.
[212] Däubler 2. A. S. 81.
[213] BVerwG 27, 360, 364.

Däubler[214], daß bestimmte finanzielle Zuwendungen, die z. B. bei der Teilnahme an von den Arbeitgeberverbänden durchgeführten Schulungsveranstaltungen durchaus denkbar seien, unterbleiben müßten. Ein solches Vorgehen könnte durchaus einen unlauteren Wettbewerb darstellen, der im Bereich des Koalitionsrechts, wenn auch in anderem Zusammenhang, schon einmal den BGH[215] beschäftigt hat. Bei einer solchen Verhaltensweise will Streckel[216] dagegen, ohne die gegen Däublers Lösung sprechenden Gründe darzulegen, einen Unterlassungsanspruch aus §§ 78 Satz 2, 119 BetrVG 72 i. V. m. § 823 Abs. 2 BGB gewähren, obwohl dadurch eigentlich nur die Betriebsratsorgane geschützt werden sollen. Insgesamt läßt sich folgendes festhalten:

— Art. 9 Abs. 3 GG der den Kernbereich der Betätigung der Koalition schützt, garantiert, daß die Gewerkschaften nicht völlig von der Veranstaltung von Schulungskursen ausgeschlossen werden können.

— Sollten die Arbeitgeberverbände oder andere Veranstalter durch finanzielle Zuwendungen an die Teilnehmer dieses Recht der Gewerkschaften auszuhöhlen suchen, haben diese dagegen einen Unterlassungsanspruch.

X. Die Darlegungspflicht

Über die Erstattung von Schulungskosten wird im Beschlußverfahren entschieden, in dem die Offizialmaxime herrscht[217]. Nach der ständigen Rechtsprechung des BAG[218] entbindet dies die Beteiligten jedoch nicht davon, die Tatsachen vorzutragen, aus denen sich die Begründetheit ihres Antrags ergibt. So trifft z. B. den Betriebsrat die Darlegungspflicht für die Erforderlichkeit der Teilnahme an einer 14tägigen Schulung[219]. Wird die Erforderlichkeit überhaupt[220] oder der Teilnahme an einer zentralen Schulung[221] bestritten, ist ein substantiiertes Vorbringen des Arbeitgebers notwendig. Da zentrale Schulungen effektiver sind, muß der Arbeitgeber insbesondere vortragen, wo und wann die Möglichkeit bestanden hätte, an einer gleichartigen, gleichwertigen und ortsnäheren Schulung teilzunehmen[222]. Außerdem müßte der Arbeitgeber geeignete Angaben machen, die einen Beurteilungsfehler des Betriebsrates, z. B. eine etwa bestehende Schädigungsabsicht, erkennbar machten.

[214] Däubler 2. A. S. 82.
[215] BGH VI ZR 176/63 v. 6. 10. 64 = BGHZ 42, 210, 219 f.
[216] Streckel DB 74, 335, 337.
[217] Seit BAG 1 ABR 7/72 v. 31. 10. 72 = AP Nr. 2 zu § 40 BetrVG 72.
[218] BAG 1 ABR 35/73 = AP Nr. 7 zu § 37 BetrVG 72; 1 AZR 451/73 v. 1. 10. 74; AP Nr. 14 zu § 18 BetrVG 72.
[219] BAG 1 ABR 89/73 v. 26. 11. 74.
[220] BAG 1 ABR 66/73 v. 27. 8. 74 = DB 74, 1725.
[221] BAG 1 ABR 61/73 v. 2. 4. 74.
[222] BAG 1 ABR 40/74 v. 29. 4. 75.

B. Der Grundsatz der Verhältnismäßigkeit

I. Der Ursprung im Verwaltungsrecht

Wie im Abschnitt A dargelegt wurde, benutzt das BAG den Grundsatz der Verhältnismäßigkeit, um die Erstattung der Kosten für die Teilnahme an Schulungsveranstaltungen im Hinblick auf die Dauer des Kurses und auf Art und Umfang der dadurch verursachten Kosten zu begrenzen. Zu bemängeln war dabei die fehlende Konturenschärfe dieses Begriffes.

Der Grundsatz der Verhältnismäßigkeit findet sich auch in anderen Rechtsgebieten. Eine nähere Untersuchung der dort verwendeten Maßstäbe könnte auch für den hier interessierenden Bereich wertvolle Erkenntnisse bringen, insbesondere zur Aufstellung von Maßstäben oder zur Festlegung einer bestimmten Vorgehensweise bei der Verhältnismäßigkeitsprüfung führen. Der Grundsatz der Verhältnismäßigkeit hat seinen Ursprung in der „klassischen" Materie des Verwaltungsrechts, dem Polizeirecht[1]. Darüber hinaus gilt er heute als allgemeiner Grundsatz im gesamten Verwaltungsrecht[2]. Danach müssen alle Anordnungen geeignete, erforderliche und angemessene (verhältnismäßige) Mittel zu ihren rechtlichen Zwecken sein[3]. Wittig[4] hat bereits 1968 ausgeführt, daß dieser Grundsatz — vorausgesetzt, es gäbe ein allgemeines Verwaltungsverfahrensgesetz — dessen Bestandteil sein müßte. Eine solche Kodifizierung findet sich heute im schleswig-holsteinischen Landesverwaltungsverfahrensgesetz[5].

Die Bedeutung des Grundsatzes der Verhältnismäßigkeit erstreckt sich jedoch nicht allein auf das Gebiet des Verwaltungsrechts. Er tritt auch in anderen Rechtsgebieten auf, so z. B. im Verfassungsrecht oder auch im Arbeitskampfrecht. Hier ist der wissenschaftliche Kongreß der IG Metall in München im Jahre 1973 hervorzuheben, auf dem die Bedeutung des Grundsatzes der Verhältnismäßigkeit für das Arbeits-

---

[1] Vogel in: Drews/Wacke S. 155; Ossenbühl in: Erichsen/Martens S. 100; Wittig DöV 68, 817.

[2] Wolff/Bachof I S. 154; Ossenbühl in: Erichsen/Martens S. 100; Vogel in: Drews/Wacke S. 154.

[3] Wolff/Bachof I S. 154.

[4] Wittig DöV 68, 817, 818.

[5] Vogel in: Drews/Wacke S. 155.

kampfrecht besonders diskutiert wurde. Aktuell wurde diese Thematik auch gerade während des jüngsten Druckerstreiks. Darauf weisen u. a. neuere Veröffentlichungen auf diesem Gebiet hin[6]. Aber auch in weiteren Bereichen des Arbeitsrechts, im allgemeinen Zivilrecht und im Strafrecht ist der Grundsatz der Verhältnismäßigkeit von Bedeutung.

II. Der Grundsatz der Verhältnismäßigkeit im Verfassungsrecht

Über die verwaltungsrechtliche Dimension hinaus wirkt der Grundsatz der Verhältnismäßigkeit auch im Verfassungsrecht. Ihm wird heute nicht nur Bedeutung bei der Einschränkung von Grundrechten[7], sondern ganz allgemein Verfassungsrang zugesprochen[8]. Jedoch sollte man sich von dieser grundsätzlichen Übereinstimmung nicht täuschen lassen. Die Standpunkte zu den einzelnen Sachfragen sind außerordentlich kontrovers[9]. Ungeklärt sind drei Bereiche: Streit besteht über die Ausfüllung des Begriffes der Verhältnismäßigkeit. Er wird durch die unterschiedliche Zuordnung von Unterbegriffen uneinheitlich definiert. Weiterhin ist nicht eindeutig, in welchem logischen Verhältnis diese Unterbegriffe zueinander stehen. Kontrovers ist auch die Frage, aus welcher Norm der Grundsatz der Verhältnismäßigkeit abzuleiten ist. Einer näheren Untersuchung bedarf auch die Rechtsnatur des Grundsatzes der Verhältnismäßigkeit. Daß ihm Verfassungsrang zugesprochen wird, reicht so nicht aus.

1. Der Begriff der Verhältnismäßigkeit

Die verschiedenen Standpunkte haben gemeinsam, daß sie den Begriff der Verhältnismäßigkeit entweder vollständig oder unvollständig aus den drei Elementen Geeignetheit, Erforderlichkeit und Verhältnismäßigkeit im engeren Sinne gewinnen. Diese Unterbegriffe sollen zunächst einmal erläutert werden.

a) Die Geeignetheit

Nach Ansicht des BVerfG ist ein Mittel nicht erst dann geeignet, wenn mit seiner Hilfe der gewünschte Erfolg näherrückt[10], sondern wenn er

---

[6] z. B. Grunsky ZRP 76, 129, 131.

[7] Stein S. 182.

[8] M/D/H Art. 20 Rdnr. 115; L/R Art. 20 Anm. 27; Ossenbühl in: Erichsen/Martens S. 63, 100; Badura in: Münch S. 257; Lerche S. 64; Gentz NJW 68, 1600, 1601; Grabitz AöR 98, 568 f.

[9] Grabitz AöR 98, 568, 570.

[10] So aber Gentz NJW 68, 1600, 1603.

damit gefördert werden kann[11]. Bei der Prüfung der Geeignetheit eines Mittels wird ein ex-ante-Standpunkt eingenommen. Es wird gefragt, ob die Maßnahme nach der Beurteilung der Verhältnisse, die dem Gesetzgeber bei der Vorbereitung des Gesetzes möglich war, als geeignet erscheint. Dabei geht das BVerfG von der Überlegung aus, daß eine gesetzgeberische Fehlprognose nicht sofort zur Verfassungswidrigkeit führen könne[12]. Die Geeignetheit eines Gesetzes wird stets aus der Sicht des Gesetzgebers geprüft. Nur in krassen Fällen werden Gesetze für verfassungswidrig erklärt[13]. Andeutungsweise findet sich zwar auch eine ex-post-Betrachtung[14], eine Entscheidung wurde jedoch bislang nicht ausdrücklich darauf gestützt.

b) Die Erforderlichkeit

Ein vom Gesetzgeber eingesetztes Mittel ist dann als erforderlich anzusehen, wenn er nicht ein anderes, aber gleich wirksames und dabei das Grundrecht nicht oder doch weniger fühlbar einschränkendes Mittel hätte wählen können[15]. Die Erforderlichkeit des Mittels wird nicht absolut, sondern jeweils im Verhältnis zu dem damit verfolgten Ziel geprüft. Der Begriff der Erforderlichkeit ist also relativ[16]. Die Erforderlichkeit des Mittels prüft das BVerfG in ähnlicher Weise wie dessen Geeignetheit. Verfassungswidrig (weil nicht erforderlich) ist das gewählte Mittel nur, wenn bei einer ex-ante-Betrachtung ein gleich wirksames, aber weniger einschneidendes Mittel gefunden werden kann oder wenn sich bei einer ex-post-Betrachtung andere, aber erheblich weniger in Grundrechte eingreifende Mittel ergeben[17].

c) Die Proportionalität

Der Grundsatz der Proportionalität (der Verhältnismäßigkeit im engeren Sinne, der eigentlichen Verhältnismäßigkeit, der Adäquanz) besagt, daß eine Maßnahme den Bürger nicht „übermäßig" belasten darf[18]. Damit ist jedoch nicht, wie es den Anschein haben könnte, ein absoluter Maßstab gemeint. Die Proportionalität ergibt sich aus dem verfolgten Zweck und dem zu dessen Erreichung eingesetzten Mittel. Während bei der Prüfung der Erforderlichkeit der Zweck der Maß-

---

[11] BVerfG 30, 292, 316; 33, 171, 187.

[12] BVerfG 25, 1, 12 f.

[13] BVerfG 16, 147, 181; 17, 306, 317; 19, 119, 126 f.

[14] BVerfG 16, 147, 183.

[15] BVerfG 25, 1, 17; 30, 292, 316; 33, 171, 187; Gentz NJW 68, 1600, 1603; Grabitz AöR 98, 568, 573; Wittig DöV 68, 817.

[16] Grabitz AöR 98, 568, 574; Wittig DöV 68, 817.

[17] BVerfG 17, 269, 279 f.; 21, 261, 269 f.; Grabitz AöR 98, 568, 574 f.

[18] Grabitz AöR 98, 568, 575 m. umfangr. Nw. aus der Rspr. des BVerfG; Gentz NJW 68, 1600, 1601; Wittig DöV 68, 817.

nahme bereits vorgegeben ist, liegen mit „Zweck" und „Mittel" zwei Variable vor, die ins Verhältnis gesetzt werden müssen[19].

Umstritten ist, ob die Proportionalität positiv festgestellt werden oder ob man nur *un*angemessene Regelungen für verfassungswidrig erklären sollte, wobei im letzteren Fall dem Gesetzgeber ein größerer Spielraum verbliebe. Hesse[20] folgert aus dem „Grundsatz der Einheit der Verfassung", es obliege dem Gesetzgeber, zwischen den im Grundgesetz ohne ersichtliche Lösungsmöglichkeit positivierten widerstreitenden Interessen „praktische Konkordanz" zu stiften. Darunter ist das Auffinden derjenigen Lösung zu verstehen, die dem einen Interesse wie dem anderen unter Berücksichtigung des jeweiligen Stellenwertes zu optimaler Entfaltung verhilft.

Zwischen den beiden oben angeführten extremen Positionen steht Grabitz[21], der — je nach Aufgabenbereich — der einen oder der anderen Theorie folgen will. Nach seiner Ansicht ist zu unterscheiden zwischen der Abwägung von Individualinteressen gegeneinander und der von Individual- und Gemeinschaftsinteressen. Bei der Abwägung von Individualinteressen will er das aus dem Prinzip der „Einheit der Verfassung" folgende Prinzip der „praktischen Konkordanz" anwenden. Bei den Gemeinschaftsinteressen unterscheidet er zwischen absoluten und relativen. Während die absoluten Gemeinschaftsinteressen — da sie direkt aus dem Grundgesetz abgeleitet werden könnten — wie Individualinteressen behandelt werden sollen, folgt er hinsichtlich der relativen Gemeinschaftsinteressen der Ansicht des BVerfG, das nur die *Un*angemessenheit einer Regelung prüfen will[22].

Für die Ansicht des BVerfG spricht vor allem die Berücksichtigung des Gewaltenteilungsprinzips. Wollte man der Theorie der „praktischen Konkordanz" folgen, würde das BVerfG zum eigenen Gesetzgeber. Deshalb sieht das BVerfG auch zwischen seinen und den Aufgaben des Gesetzgebers funktionell-rechtliche Grenzen. Es fühlt sich zwar nicht gehindert, Erwägungen des Gesetzgebers hinsichtlich des Gesetzeszwecks, von Kausalverläufen und Wahrscheinlichkeiten zu überprüfen, jedoch sind dabei die Wertungen des Gesetzgebers von größter Bedeutung und können für sich die Vermutung der Richtigkeit in Anspruch nehmen[23]. Das BVerfG prüft daher restriktiv nur, ob (unter Berücksichtigung der eben gemachten Ausführungen) eine Rege-

[19] Grabitz AöR 98, 568, 575; Hesse S. 29; Lerche S. 19.

[20] Hesse S. 28 f.; zust. auch Lerche, der zwischen zwei „Kraftfeldern" vermitteln will.

[21] Grabitz AöR 98, 568, 577.

[22] Grabitz AöR 98, 568, 578-581.

[23] BVerfG 7, 377, 409-412; 13, 97, 113; 16, 147, 181-183; 21, 72, 73; 25, 1, 12 f.; Grabitz AöR 98, 568, 576.

lung *un*angemessen ist. Dabei handelt es sich nicht um eine freie Abwägung. Es werden die drei Gesichtspunkte

— Intensität des Eingriffs

— Dringlichkeit des Gemeinwohlinteresses

— die grundrechtlich geschützten Individualinteressen berücksichtigt[24].

Gegen die Ansicht von Hesse spricht im übrigen auch die Widersprüchlichkeit seiner eigenen Theorie. Nach dieser Ansicht ist es Aufgabe des Gesetzgebers, „Praktische Konkordanz" zu stiften, d. h. die widerstreitenden Interessen sollen, so weit dies irgend möglich ist, optimal zur Entfaltung kommen. Aus der Verwendung des Wortes „optimal" folgt konsequent, daß es nur eine, nämlich *die* beste Lösung geben kann. Sowohl Hesse[25] als auch Lerche[26], der dem Gesetzgeber die Wahl lassen möchte, von welchem der entgegengesetzten Pole er den Maßstab anlegen will, wollen dem Gesetzgeber jedoch ein Ermessen einräumen. Damit begeben sie sich in Widerspruch zu ihrer eigenen Theorie.

d) Der Inhalt des Begriffs „Verhältnismäßigkeit"

Wie schon einleitend bemerkt wurde, wird dem Begriff der Verhältnismäßigkeit ein unterschiedlicher Bedeutungsgehalt beigemessen[27]. Das BVerfG faßt unter dem Begriff der Verhältnismäßigkeit im weiteren Sinne die eben dargestellten Elemente Geeignetheit, Erforderlichkeit und Verhältnismäßigkeit im engeren Sinne zusammen[28]. Gentz[29] folgt im wesentlichen diesem Sprachgebrauch, beschäftigt sich jedoch vorwiegend mit der Proportionalität. Grabitz[30] faßt Erforderlichkeit und Proportionalität zu dem Oberbegriff der Verhältnismäßigkeit zusammen. Wittig[31] versteht unter Verhältnismäßigkeit die bei Eingriffsmaßnahmen erforderliche Mittel-Zweck-Relation. Lerche[32] hält für diese Kombination die Bezeichnung „Übermaßverbot" bereit. Das Wort „übermäßig" benutzt das BVerfG[33] nur im Zusammenhang mit der Proportionalität.

---

[24] Grabitz AöR 98, 568, 576 und 581.

[25] Hesse S. 29.

[26] Lerche S. 152.

[27] s. o. B II.

[28] Grundlegend: BVerfG 7, 377, 407 und 409; Verhältnismäßigkeit als Oberbegriff: BVerfG 19, 330, 337; 21, 150, 155; 26, 215, 228; 27, 211, 219; 27, 344, 352; 28, 264, 280.

[29] Gentz NJW 68, 1600 ff.

[30] Grabitz AöR 98, 568, 571.

[31] Wittig DöV 68, 817, 825.

[32] Lerche S. 21.

[33] BVerfG 14, 19, 22; 15, 226, 234; 17, 306, 314; 18, 353, 364.

Es erscheint notwendig, diesem Begriffsgewirr ein Ende zu setzen. Ein einheitlicher Sprachgebrauch läßt sich herstellen, wenn man die logischen Beziehungen der drei Unterbegriffe zueinander untersucht. Eine Beziehung klärt Wittig[34], der die Geeignetheit des Mittels als Basis der weiteren Überlegungen ansieht. Aus der Vielzahl geeigneter Mittel werden unter Heranziehung der Filter von Erforderlichkeit und Proportionalität die letztendlich verhältnismäßigen herausgefunden. Dieses Verhältnis von engeren und weiteren Begriffen läßt sich für die Klärung der Beziehung von Erforderlichkeit und Proportionalität jedoch nicht heranziehen. Es ist nicht so, daß ein Anwendungsbereich den anderen voll abdecken würde. Ebenso wie ein erforderliches Mittel nicht angemessen, kann ein angemessenes Mittel nicht erforderlich sein[35]. Der Grundsatz von Enge und Weite, der das Verhältnis von Geeignetheit und Erforderlichkeit bzw. das von Geeignetheit und Proportionalität beherrscht, ist hier nicht anwendbar.

Eine deutliche Kennzeichnung des zwischen den drei Teilbegriffen bestehenden Verhältnisses ergibt sich aus den Ausführungen von Grabitz[36]. Er geht mit Larenz[37] davon aus, daß der Grundsatz der Verhältnismäßigkeit sich auf das Verhältnis zwischen dem Zweck einer Maßnahme und dem zu dessen Erreichung eingesetzten Mittel bezieht, wobei letzteres angemessen sein sollte. Das Prinzip der Verhältnismäßigkeit ist insofern Ausdruck der „Maßgerechtigkeit" und enthält eine quantitative Komponente. Die Eignung eines Mittels ist dagegen eine Aussage über seine Qualität. Zwischen diesen beiden Gesichtspunkten besteht ein elementarer Gegensatz. Es empfiehlt sich daher, sie nicht miteinander zu vermengen. Im Anschluß an diese Überlegungen soll der Grundsatz der Verhältnismäßigkeit nachfolgend als aus den Elementen Erforderlichkeit und Proportionalität bestehend angesehen werden.

2. Die Ableitung des Grundsatzes der Verhältnismäßigkeit

Nachdem die Elemente, aus denen der Grundsatz der Verhältnismäßigkeit besteht, dargestellt wurden, soll kurz auf seine Ableitung eingegangen werden. Es existiert eine Vielzahl verschiedener Meinungen.

Das BVerfG leitet den Grundsatz der Verhältnismäßigkeit aus dem Rechtsstaatsprinzip ab[38]. Diese Ansicht wird auch von Grabitz[39] vertre-

[34] Wittig DöV 68, 817.

[35] Wittig DöV 68, 817.

[36] Grabitz AöR 98, 568, 571.

[37] Methodenlehre S. 465.

[38] BVerfG 2, 1, 79; 6, 389, 439; 9, 137, 149; 9, 167, 170; 10, 89, 116 f.; 10, 354, 364 f.; 14, 263, 277 f.; 14, 288, 300; 16, 194, 201 f.; 17, 108, 117 f.; 17, 306, 313 f.;

ten. Nach Leibholz/Rinck[40] folgt er unmittelbar aus dem Wesen der Grundrechte. Da das BVerfG jedoch jedenfalls dann, wenn es sich um Eingriffe in Freiheitsgrundrechte handelt, den Grundsatz der Verhältnismäßigkeit sowohl aus dem Rechtsstaatsprinzip als auch aus den Freiheitsrechten herleitet, sind diese Autoren auch der Meinung des BVerfG zuzurechnen. Der BGH[41] sieht dagegen Art. 19 GG als den Ursprung des Grundsatzes der Verhältnismäßigkeit an. Dieser Ansicht ist auch Dürig[42] zuzurechnen, der Art. 19 i. V. m. Art. 1 GG zur Begründung heranzieht. Lerche[43] hält in seiner Systematik den Grundsatz der Verhältnismäßigkeit neben anderen für einen Bestandteil des „dirigierenden Teils“ der Verfassung. Einen vierten möglichen Standort des Grundsatzes der Verhältnismäßigkeit stellt Art. 3 GG dar. Er wird sowohl aus dem Gleichheitsgebot[44] wie aus dem Willkürverbot[45] hergeleitet. Wittig[46] vertritt die Auffassung, alle gerade dargestellten Meinungen seien letztendlich auf Art. 1 GG zurückzuführen. Eine exakte dogmatische Untersuchung der Ableitung des Grundsatzes der Verhältnismäßigkeit würde den Rahmen dieser Untersuchung sprengen. Ausreichend ist hier die Feststellung, daß nach allen genannten Theorien der Grundsatz der Verhältnismäßigkeit direkt aus dem Grundgesetz abzuleiten ist.

3. Die Rechtsnatur des Grundsatzes der Verhältnismäßigkeit

Wie schon festgestellt wurde[47], besitzt der Grundsatz der Verhältnismäßigkeit Verfassungsrang. Über seine Rechtsnatur ist damit jedoch wenig gesagt. Aus der Rechtsprechung des BVerfG ergeben sich vier Hinweise, die eine rechtstheoretische Einordnung ermöglichen:

— die Bezeichnung als „Grundsatz“

— die Ableitung aus dem Rechtsstaatsprinzip

— die Einräumung von Verfassungsrang

— die Art der sprachlichen Ausprägung[48]

19, 119, 126 f.; 19, 342, 348 f.; 20, 45, 49 f.; 20, 144, 147 f.; 20, 150, 154 f.; 20, 162, 198; 20, 323, 331; 20, 365, 372 f.; 21, 378, 388; 22, 114, 124; 22, 180, 220; 23, 127, 133 f.; 25, 44, 54; 25, 269, 292; 29, 312, 316; 30, 1, 20.

[39] Grabitz AöR 98, 568, 586.

[40] L/R Art. 20 Anm. 27.

[41] BGH St 4, 375, 376 f.; 4, 385, 392; DöV 55, 729 ff.

[42] Dürig AöR 81, 117, 156.

[43] Lerche S. 64, 77.

[44] Ipsen AöR 78, 284, 314 (Fn. 46); Wittig DöV 68, 817, 820 ff.

[45] Wittig DöV 68, 817, 820 ff.

[46] Wittig DöV 68, 817, 820.

[47] s. o. B II.

[48] Grabitz AöR 98, 568, 583.

Um die Bedeutung dieser Hinweise richtig erfassen zu können, sind einige theoretische Ausführungen erforderlich. Ausgangspunkt dieser Überlegungen ist die Erkenntnis, daß eine Rechtsordnung sich nicht in der Gesamtheit des positiven Rechts erschöpft. Über die aus Tatbestand und Rechtsfolge bestehenden Normen hinaus gibt es Grundsätze, die dem positiven Recht nur teilweise angehören. Dabei handelt es sich um Prinzipien, die nicht selbst eine Weisung enthalten, sondern nur deren Grund, Kriterium und Rechtfertigung darstellen[49]. Ihre eigene Begründung finden sie in der Natur der Sache oder der betreffenden Institution[50]. Sie treten in zweifacher Erscheinung auf:

— es gibt normative Prinzipien[51] (auch rechtssatzförmige genannt)[52] und

— informative bzw. offene[53].

Als rechtssatzförmig werden Prinzipien dann bezeichnet, wenn sie unausgesprochen die Grundlage für eine Reihe verschiedener, auf sie zurückführbarer Rechtsregeln darstellen, ohne selbst als solche ausgestaltet zu sein[54]. Dazu gehören weiterhin solche, die als Bestandteile von Rechtsnormen in verschiedenen Rechtsgebieten auftreten. In diesen Ausprägungen sind die Prinzipien nicht mehr ratio legis, sondern selbst Gesetz. Die offenen Prinzipien besitzen keinen Normcharakter. Sie haben lediglich die Funktion von Leitgedanken und Rechtfertigungen. Um normative Kraft zu entwickeln, müssen sie entweder durch den Gesetzgeber positiviert oder durch den Richter im Wege der Rechtsfortbildung ins positive Recht übertragen werden[55]. Das BVerfG hat, wie sich aus den einführenden Bemerkungen ergibt, die drei Unterbegriffe Geeignetheit, Erforderlichkeit und Proportionalität als „Grundsätze“ bezeichnet. Das läßt den Schluß zu, daß sie als verfassungsrechtliche Prinzipien anzusehen sind. Fraglich ist, ob sie Rechtssatzqualität aufweisen oder als „offene Verfassungsprinzipien“ anzusehen sind. Prinzipien werden dann als rechtssatzförmig bezeichnet, wenn sich „durch ihre Umlegung auf eine bestimmte Materie Einzelergebnisse erzielen lassen, ohne daß es regelmäßig einer Zwischenschaltung selbständig konkretisierender Sätze bedürfte“[56]. Geeignetheit und Erforderlichkeit treten in der Rechtsprechung des BVerfG in der äußeren Form von Rechtssätzen auf. Sie besitzen Tatbestand und Rechtsfolge. Anders verhält es sich mit der Proportionalität. Hier werden nur Anhalts-

[49] Esser S. 51 f.
[50] Larenz Methodenlehre S. 133; Esser S. 164.
[51] Esser S. 69.
[52] Larenz Methodenlehre S. 466.
[53] Esser S. 74; Larenz Methodenlehre S. 466.
[54] Larenz Methodenlehre S. 466.
[55] Larenz Methodenlehre S. 395, 465; Esser S. 63,74 f.; Canaris S. 94 ff.
[56] Lerche S. 315 f.; Larenz Methodenlehre S. 468.

punkte, keine Bedingungen dafür genannt, wann eine Regelung noch als „verhältnismäßig" anzusehen ist. Da eine exakte normative Ausgestaltung fehlt, ist die Proportionalität im Gegensatz zu den rechtssatzförmigen Prinzipien Erforderlichkeit und Geeignetheit als offenes Prinzip zu betrachten[57]. Allerdings hat das BVerfG nicht nur den ersten beiden Prinzipien Verfassungsrang zugesprochen, sondern diese Aussage auf alle drei erstreckt.

Zieht man die oben angestellten Grundüberlegungen zur Unterscheidung von normativen und offenen Prinzipien heran, so ergibt sich zunächst ein Widerspruch. Der Grundsatz der Verhältnismäßigkeit im engeren Sinne (Proportionalität) nimmt eine Zwischenstellung ein. Als offenes Prinzip bedürfte er eigentlich, um Rechtsgeltung beanspruchen zu können, der Überleitung ins positive Recht durch den Gesetzgeber oder den Richter. Der Grundsatz der Verhältnismäßigkeit im engeren Sinne (Proportionalität) ist jedoch bereits Bestandteil der Verfassung und damit des positiven Rechts. Entgegen der Grundunterscheidung, nach der er nicht normatives, sondern offenes Prinzip ist, stellt der Grundsatz aktuell geltendes (Verfassungs-)Recht dar[58]. In einem vorhergehenden Abschnitt[59] wurde festgestellt, daß der Grundsatz der Verhältnismäßigkeit als aus den Elementen Erforderlichkeit und Proportionalität (Verhältnismäßigkeit im engeren Sinne) bestehend anzusehen ist. Nach den letzten Ausführungen ist die Rechtsnatur des so zusammengesetzten Grundsatzes der Verhältnismäßigkeit etwas zweifelhaft. Er ist einesteils Rechtssatz, anderenteils offenes (Verfassungs-) Prinzip. Aus der Gesamtheit der Überlegungen ergibt sich jedoch zumindest — unbeschadet der Zweifel an der Rechtssatzqualität —, daß er als aktuell geltendes Verfassungsrecht anzusehen ist.

III. Der Grundsatz der Verhältnismäßigkeit im Zivilrecht

Auch im Zivilrecht gibt es Erscheinungsformen des Grundsatzes der Verhältnismäßigkeit. Er tritt jedoch nicht unter dieser Bezeichnung auf. Joachim[60] hat sich bei der Vorarbeit zu einem Vortrag auf dem wissenschaftlichen Kongreß der IG Metall in München 1973 einmal der Mühe unterzogen, nach diesem Begriff zu forschen. Dabei stellte sich heraus, daß er in den NJW-Fundheften Zivilrecht überhaupt nicht und

---

[57] Grabitz AöR 98, 568, 583; Larenz Methodenlehre S. 468; a. A. Lerche S. 315 f., der dem Grundsatz in beiden Elementen (Erforderlichkeit und Proportinalität) Rechtssatzqualität beimißt, eine Begründung dafür jedoch schuldig bleibt.

[58] Grabitz AöR 98, 568, 584.

[59] s. o. B II 1d.

[60] Joachim S. 32.

im Inhaltsverzeichnis von 59 Bänden der amtlichen Sammlung des BGH lediglich einmal erwähnt wird. In dieser Entscheidung wird auf den Grundsatz jedoch nur deshalb Bezug genommen, weil diese Frage im Rahmen eines Entschädigungsprozesses zu prüfen war. Der Kläger rügte die Erforderlichkeit der Maßnahme der Verwaltungsbehörde. Die geringe Beachtung, die der Grundsatz der Verhältnismäßigkeit in der höchstrichterlichen Rechtsprechung unter dieser konkreten Bezeichnung gefunden hat, kann jedoch nicht darüber hinwegtäuschen, daß er auch im allgemeinen Zivilrecht materiell auftritt. Insbesondere findet er sich in den Rechtfertigungsgründen der §§ 227, 228, 229 und 904 BGB. Ausdrücklich erwähnt werden die beiden Elemente des Grundsatzes der Verhältnismäßigkeit nur in den §§ 228 und 904 BGB. Übereinstimmung besteht hier jedoch nur hinsichtlich der inhaltlichen Ausfüllung des Begriffes der Erforderlichkeit. Eine Verteidigungshandlung ist dann erforderlich (notwendig im Sinne des § 904 BGB), wenn sie objektiv notwendig war, nicht wenn der Handelnde sie für erforderlich hielt. Die objektive Notwendigkeit hängt von den Umständen ab. Bezugspunkt ist die Art des Angriffs, nicht der Wert des gefährdeten Rechtsgutes[61]. Hinsichtlich der Verhältnismäßigkeitsprüfung sind unterschiedliche Maßstäbe zu erkennen. Während im Fall des § 904 BGB der drohende gegenüber dem verursachten Schaden unverhältnismäßig groß sein muß, darf bei § 228 BGB die abgewendete Gefahr im Verhältnis zu dem verursachten Schaden nicht unverhältnismäßig gering sein. Dies folgt aus der Unterscheidung zwischen dem defensiven Notstand, bei dem die Gefahr von der zerstörten Sache ausging, und dem aggressiven Notstand, bei dem eine zunächst nicht beteiligte Sache zur Abwehr eines der eigenen Sache oder einem selbst drohenden Schadens zerstört wurde[62]. Als Grenze der Notwehr in § 227 BGB wird allein die Erforderlichkeit der Abwehrhandlung genannt. Es gelten daher zunächst die auch schon zur Erforderlichkeit der Notstandshandlung gemachten Ausführungen[63]. Entsprechend dem Wortlaut der Vorschrift wird jede inhaltliche Beschränkung des Notwehrrechtes bestritten[64]. Die in der Literatur herrschende Meinung[65], die, obwohl dies im Gesetz nicht ausdrücklich vorgesehen ist, aus dem Gebot der Erforderlichkeit auch die Beachtung der Verhältnismäßigkeit im engeren Sinne herauslesen will, wird als moralisierend abgelehnt. Ihr wird die grundsätzliche Preisgabe des Rechts vorgeworfen[66]. Von der herrschenden Mei-

[61] Palandt-Danckelmann § 228 2 b.

[62] Ganz h. M. Palandt-Danckelmann § 228 2 c; Larenz AT S. 224; Lehmann/Hübner S. 125.

[63] Palandt-Danckelmann § 227 1 d.

[64] Wolf S. 485.

[65] Lehmann/Hübner S. 122; Larenz AT S. 222; Enneccerus/Nipperdey S. 1452.

[66] Wolf S. 486.

nung werden die Fälle als kritisch angesehen, in denen zur Verteidigung geringer Sachwerte Menschenleben gefährdet werden. Hier soll Art. 2 der Menschenrechtskonvention von 1952 angewendet werden[67]. Die Grenze, nach deren Überschreitung eine Handlung auf jeden Fall unzulässig ist, wird durch Rechtsmißbrauch und Sittenwidrigkeit gezogen[68]. Vor dieser Schwelle soll jedoch der Grundsatz der Verhältnismäßigkeit angewendet werden. Die Festlegung der anzuwendenden Maßstäbe soll dem Richter überlassen werden. Enneccerus/Nipperdey[69] führen dazu aus:

> „Wenn das Gesetz hier die Abgrenzung unterläßt, so vertraut es auf die gesunde Vernunft und Menschlichkeit des Richters."

Für die Selbsthilfe gilt ebenfalls der Maßstab der Erforderlichkeit (§ 230 Abs. 1 BGB). Hier kann auf die Ausführungen zur Notwehr Bezug genommen werden[70]. Darüber hinaus hat nach Ansicht von Hueck/Nipperdey/Säcker[71] der Grundsatz der Verhältnismäßigkeit über das ultima-ratio-Prinzip auch in das allgemeine Deliktsrecht Einzug gehalten. Dies soll sich aus den Ausführungen des BGH in seinen Entscheidungen vom 21. 6. 66[72] und vom 20. 3. 68[73] ergeben. Hierbei wird jedoch übersehen, daß diese Entscheidungen sich mit den grundrechtlich geschützten Grenzen der Meinungsfreiheit beschäftigen, daß hier geprüft wird, ob überhaupt tatbestandsmäßig eine Persönlichkeitsrechtsverletzung vorliegt. Hinsichtlich des letzten Mittels wird keine Entscheidung getroffen.

Aus den Ausführungen dürfte klar geworden sein, daß der Grundsatz der Verhältnismäßigkeit im Zivilrecht zwar auftritt, seine Konturen bislang jedoch unscharf geblieben sind. Von einer inhaltlichen Behandlung des Problems, von der Entwicklung und Anwendung allgemeiner Maßstäbe, die in allen Fällen zu beachten wären, ist die zivilrechtliche Theorie noch weit entfernt.

IV. Der Verhältnismäßigkeitsgrundsatz im Strafrecht

Bereits bei der Behandlung des Grundsatzes der Verhältnismäßigkeit im Zivilrecht wurde auf die Rechtfertigungsgründe Bezug genommen. Auch im Strafrecht hat der Grundsatz der Verhältnismäßigkeit hier seine eigentliche Bedeutung. Neben den bereits erwähnten Rechtferti-

[67] Lehmann/Hübner S. 122.
[68] Lehmann/Hübner; Larenz; Enneccerus/Nipperdey alle wie Fn. 65.
[69] Enneccerus/Nipperdey S. 1452.
[70] Palandt-Danckelmann § 229 2 d.
[71] H/N/S II/2 S. 1024.
[72] BGH VI ZR 261/64 (Höllenfeuer) = BGHZ 45, 296 ff.
[73] BGH I ZR 44/66 (Mephisto) = BGHZ 50, 133 ff.

gungsgründen des BGB, die im übrigen auch im Strafrecht gelten, ist besonders auf die im Strafgesetzbuch kodifizierten (Notwehr, § 32 StGB und rechtfertigender Notstand, § 34 StGB) einzugehen.

1. Die Notwehr

Die klassische Definition der Notwehr lautet[74]:

> „Notwehr ist diejenige Verteidigung, welche erforderlich ist, um einen gegenwärtigen, rechtswidrigen Angriff von sich oder einem anderen abzuwenden."

Diese Formel findet sich wörtlich in § 227 BGB. Die Notwehr dient sowohl dem Schutz des einzelnen als auch der gesamten Rechtsordnung. Sie hat eine individualrechtliche und eine sozialrechtliche Komponente[75].

Aus dieser Grundüberlegung will Blei[76] Beschränkungen der Notwehr herleiten. Er begründet dies in den Fällen, in denen nicht mehr die Gegenüberstellung von angegriffenem, sich verteidigendem Recht und rechtsfriedensstörendem Unrecht vorliegt, mit einer parallelen Betrachtung des Gefälles der Rechtfertigungsgründe der §§ 904, 228, 227 BGB[77]. Aus diesem Gedanken leitet er für einige Fallgruppen eine Beschränkung des Notwehrrechts ab, da er den undifferenzierten Gedanken der „Zumutbarkeit" möglichst vermeiden will[78].

Es gibt allerdings auch Autoren, die ohne Bezugnahme auf diesen Gedanken allein aus dem Tatbestand des § 32 StGB gewisse Beschränkungen herauslesen. Zu erwähnen ist insbesondere das Gebot der Erforderlichkeit. Erforderlich ist die Abwehrhandlung dann, wenn sie nach der objektiven Sachlage, nicht nach der Vorstellung des Handelnden, notwendig ist. Sie muß geeignet sein, den Angriff zu beenden oder abzuschwächen. Dabei gilt jedoch der Grundsatz der möglichsten Schonung des Angreifers, d. h. es sollte das Mittel gewählt werden, das bei einer möglichst geringen Verletzung des Gegners gerade noch Erfolg verspricht. An diese Auswahl sind jedoch keine allzu hohen Anforderungen zu stellen, insbesondere ist die konkrete Situation, d. h. die Möglichkeit der Auswahl und das damit verbundene Risiko zu berücksichtigen[79]. Blei fordert in einigen Fallgruppen eine differenzierte, möglicherweise eingeschränkte Verteidigungsmöglichkeit des Angegriffenen. Dies tun auch andere Autoren. Aus einer ehemals streng in-

---

[74] Jescheck S. 227.
[75] Jescheck S. 226; Blei S. 133.
[76] Blei S. 134.
[77] Vgl. oben B III.
[78] Blei S. 134 f.
[79] Dreher § 32 Rdnr. 16; Jescheck S. 230.

dividualrechtlichen Betrachtungsweise heraus entwickelte sich eine durch sozialethische Überlegungen gekennzeichnete Anschauung[80]. Hierbei wird neben der „Erforderlichkeit“ auch auf das Merkmal der „Gebotenheit“ in § 32 StGB abgestellt. Teilweise werden beide Begriffe für identisch gehalten[81]. Andere[82] wollen aus dieser ausdrücklichen Erwähnung des Begriffs der „Gebotenheit“ gerade einen Hinweis auf die Notwendigkeit der Einschränkung der Notwehrhandlung herleiten. Die dabei gebildeten Fallgruppen sind im wesentlichen identisch mit denen, die Blei aus seiner Heranziehung der Grundgedanken des Notwehrrechts, Jescheck aus sozialethischen Überlegungen, die Rechtsprechung aus dem Gedanken des Rechtsmißbrauchs[83] und Maurach aus dem Gedanken der sozialen Rücksichtnahme herleiten.

Insbesondere besteht Einigkeit zwischen den Vertretern aller Meinungen, daß die Notwehr bei einem unerträglichen Mißverhältnis zwischen dem angegriffenen Rechtsgut und der durch die Verteidigungshandlung herbeigeführten Verletzung überschritten wird[84].

Bei der Notwehr im Sinne des § 32 StGB sind also sowohl der Gedanke der Erforderlichkeit als auch der der Proportionalität zu beachten. Es ist hier wie bei der Behandlung des Problems der Verhältnismäßigkeit im Rahmen des § 227 BGB keine deutliche Ausprägung von Maßstäben, jedoch eine intensive Behandlung des Problems in der Literatur festzustellen.

2. Der rechtfertigende Notstand

Der rechtfertigende Notstand wurde erst durch das 2. Strafrechtsreformgesetz in das Strafgesetzbuch eingefügt, galt jedoch bereits früher gewohnheitsrechtlich als Rechtfertigungsgrund[85]. Auch hier müssen einige Abwägungen getroffen werden. Insbesondere interessieren folgende im Tatbestand des § 34 StGB genannte Voraussetzungen:

— die Gefahr darf nicht anders abzuwenden sein
— das geschützte Rechtsgut muß wesentlich überwiegen
— die Handlung muß ein angemessenes Mittel zur Abwendung der dem Rechtsgut drohenden Gefahr sein[86]

Im Tatbestand des § 34 StGB wird als Voraussetzung genannt, daß die Gefahr nicht anders abwendbar sein müsse. Darunter ist zu verstehen,

---

[80] Jescheck S. 230; Maurach S. 314.
[81] Maurach S. 314 m. w. Nw.
[82] z. B. Dreher § 32 Rdnr. 18.
[83] Vgl. Jescheck S. 230 m. zahlr. Nw.
[84] Dreher § 32 Rdnr. 20; Blei S. 135; Jescheck S. 231; Maurach S. 316.
[85] Dreher § 34 Rdnr. 1.
[86] Dreher § 34 Rdnr. 5 - 12.

daß kein anderes, weniger einschneidendes Mittel zur Verfügung stehen darf[87]. Diese Überlegung enthält also den Gedanken der Erforderlichkeit[88]. Die beiden weiteren Überlegungen des Überwiegens eines Rechtsgutes und der Angemessenheit des Mittels sind Ausdruck des Nebeneinanders von Güterabwägungs- und Zwecktheorie. Bei einem wesentlichen Überwiegen des zu verteidigenden Rechtsgutes kann beim Vorliegen eines nicht angemessenen Mittels die Rechtfertigung entfallen. Es wird zwar dargelegt, daß es sich um zwei grundsätzlich verschiedene Überlegungen handelt, die in einigen Fällen von Bedeutung sein können[89], andererseits wird die Notwendigkeit der zweiten Überlegung, da sie in der ersten umfassenden Gesamtabwägung enthalten sei, abgelehnt[90].

Übereinstimmung besteht jedoch darin, daß unter dem Stichwort „Angemessenheit" einige Grenzfälle zusammengefaßt werden dürften. Maurach[91] benutzt diesen Begriff als Sammelbecken aller der Grenzfälle, die zwar die Interessenabwägung bestehen, dennoch aber als nicht gerechtfertigt erscheinen. Auch hier kommt es also zu Überlegungen, die der Beachtung des Grundsatzes der Proportionalität entsprechen.

Festzustellen ist, daß der Grundsatz der Verhältnismäßigkeit im Strafrecht im Rahmen der §§ 32 und 34 StGB auftritt, dort in Einzelheiten kontrovers diskutiert wird, eindeutige Maßstäbe für seine Anwendung jedoch bislang nicht ersichtlich sind. Zu beobachten ist allenfalls das Bemühen um eine möglichst umfassende Beachtung aller beteiligten Interessen.

V. Der Grundsatz der Verhältnismäßigkeit im Arbeitsrecht

Entgegen der Situation im Zivil- und im Strafrecht ist der Grundsatz der Verhältnismäßigkeit im Arbeitsrecht stark zu berücksichtigen. Er tritt in einer ganzen Reihe von Anwendungsfällen auf. Besondere Bedeutung besitzt er im Arbeitskampfrecht.

1. Arbeitskampfrecht

In seinem Beschluß vom 21. 4. 71[92] führte der Große Senat des BAG im Leitsatz 1 der Entscheidung aus:

---

87 Dreher § 34 Rdnr. 5.
88 Schönke-Schröder Vorbemerkung zu § 51 Rdnr. 56.
89 Dreher § 34 Rdnr. 12 m. w. Nw.
90 Maurach S. 330.
91 Maurach S. 330.
92 BAG GS 1/68 = AP Nr. 43 zu Art. 9 GG Arbeitskampf.

„Arbeitskampfmaßnahmen stehen unter dem Gebot der Verhältnismäßigkeit.“

Dieser Beschluß war deshalb von Bedeutung, weil er die Anwendung des Kampfmittels der lösenden Aussperrung, die seit dem Beschluß des Großen Senats vom 28. 1. 55[93] als zulässig galt, unter die Voraussetzung der Beachtung des Grundsatzes der Verhältnismäßigkeit stellte. Auf einer wissenschaftlichen Veranstaltung der IG Metall, die unter dem Thema „Streik und Aussperrung“ im September 1973 in München stattfand, wurden die Begriffe „Kampfparität“ und „Grundsatz der Verhältnismäßigkeit“, die im wesentlichen die Grundlage des erstgenannten Beschlusses bildeten, einer kritischen Würdigung unterzogen[94].

Die vom Großen Senat aufgestellten Grundsätze wurden schon in die Praxis umgesetzt. So hat das LAG Baden-Württemberg[95] in einem Arbeitskampf zwischen der ÖTV und einer Reederei, die durch „Ausflaggung“ dem Abschluß eines Tarifvertrages entgehen wollte[96], durch eine einstweilige Verfügung die Boykottierung der Reederei aus dem Gesichtspunkt der Verletzung des Grundsatzes der Verhältnismäßigkeit untersagt. Aus der Anwendung des Grundsatzes können sich zweifelhafte Folgen ergeben. So wird z. B. gerügt, daß ein Streik ggf. nur dann rechtmäßig sei, wenn die Streikmittel, die ausgewählt wurden, zumindest keine Zweifel an der Durchsetzbarkeit der erhobenen Forderung hervorriefen[97]. Ein näheres Eingehen auf diesen Vorwurf soll unterbleiben, da hier lediglich auf die praktische Bedeutung der Entscheidung aufmerksam gemacht werden sollte.

a) Überblick über die Entwicklung der Rechtsprechung

Der Große Senat des BAG nahm in seiner Entscheidung vom 21. 4. 71[98] ganz allgemein zur Problematik der möglichen Beschränkung von Arbeitskampfmaßnahmen Stellung.

Ausgangspunkt der zu diesem Beschluß führenden Entwicklung ist die Entscheidung des Großen Senats vom 28. 1. 55[99]. Dies ergibt sich aus Leitsatz 4 des schon erwähnten Beschlusses vom 21. 4. 71, der ausdrücklich die dort aufgestellten Grundsätze abändert und fortentwickelt. Nachdem diese in einer Vielzahl von Entscheidungen angewendet worden waren, legte der 1. Senat des BAG durch den Beschluß vom

---

[93] BAG GS 1/54 = AP Nr. 1 zu Art. 9 GG Arbeitskampf.

[94] Kittner in: Streik und Aussperrung S. 11 ff.

[95] LAG Baden-Württemberg 4 Sa 29/73 v. 8. 8. 73 = MDR 73, 1055.

[96] Vgl. dazu Gröbing in: Streik und Aussperrung S. 108 Fn.

[97] Gröbing in: Streik und Aussperrung S. 169.

[98] BAG GS 1/68 = AP Nr. 43 zu Art. 9 GG Arbeitskampf.

[99] BAG GS 1/54 = AP Nr. 1 zu Art. 9 GG Arbeitskampf.

3. 9. 68[100] dem Großen Senat des BAG die Frage vor, ob er an seiner Rechtsprechung zur lösenden Wirkung der Aussperrung festhielte oder ob er die Meinung billigte, der Arbeitgeber könnte durch Aussperrung die Arbeitsverhältnisse nur suspendieren. Einige der im Vorlagebeschluß geltend gemachten Bedenken griff auch der Große Senat in seinem Beschluß vom 21. 4. 71[101] auf. Er bemängelte, daß einige Probleme anhand der im Beschluß vom 28. 1. 55[102] aufgestellten Grundsätze nicht zufriedenstellend zu lösen wären. Er führte dazu einiges aus:

— Der auf die Fortführung des Arbeitsverhältnisses zu geänderten oder auch zu den bisherigen Bedingungen gerichtete Arbeitskampf solle die gegenseitigen Rechte und Pflichten nur vorübergehend unterbrechen. Die Lösung des Arbeitsverhältnisses sei mit dem Ziel der Fortführung nicht zu vereinbaren.

— Nach der Lösungstheorie sei nicht erklärbar, warum die Ämter der Betriebsratsmitglieder und der Arbeitnehmervertreter im Aufsichtsrat trotz Aussperrung weiterbestünden.

— Die Arbeitnehmer verlören bei der echten Lösung des Arbeitsverhältnisses ihre betrieblichen Anwartschaftsrechte, sowie den Schutz nach dem Kündigungsschutz- und dem Mutterschutzgesetz.

— Das Gebot zur Durchführung von Erhaltungsarbeiten könne nicht begründet werden.

Über diese nicht ausreichenden Erklärungsmöglichkeiten hinaus sei festzustellen, daß in den 16 Jahren seit der ersten Entscheidung des Großen Senats der Bestandsschutz der Arbeitsverhältnisse durch eine stärkere Beachtung des Sozialstaatsgebots verstärkt worden sei. Dafür werden einige Beispiele genannt[103]. Aus diesen Überlegungen leitete der Große Senat dann eine Reihe von Grundsätzen ab. Es sei klar geworden, daß in der bisherigen Rechtsprechung zum Problem des Arbeitskampfes nicht alle rechtlichen Wertvorstellungen Beachtung gefunden hätten. Grundsätzlich seien in unserer freiheitlichen Rechtsordnung Arbeitskämpfe möglich. Da jedoch von solchen Maßnahmen nicht nur die unmittelbar Beteiligten, sondern auch Nichtstreikende, sonstige Dritte und die Allgemeinheit betroffen würden, sei der Grundsatz der Verhältnismäßigkeit zu beachten. Daraus seien drei Folgerungen zu ziehen:

— Arbeitskämpfe dürften nur insoweit eingeleitet und durchgeführt werden, als sie zur Erreichung rechtmäßiger Kampfziele und des nachfolgenden Arbeitsfriedens sachlich erforderlich seien. Jede

[100] BAG 1 AZR 113/68 = AP Nr. 39 zu Art. 9 GG Arbeitskampf.
[101] BAG GS 1/68 = AP Nr. 43 zu Art. 9 GG Arbeitskampf.
[102] BAG GS 1/54 = AP Nr. 1 zu Art. 9 GG Arbeitskampf.
[103] BAG AP Nr. 43 zu Art. 9 GG Arbeitskampf II C 2.

Arbeitskampfmaßnahme — sei es Streik, sei es Aussperrung — dürfe ferner nur nach Ausschöpfung aller Verständigungsmöglichkeiten ergriffen werden; der Arbeitskampf müsse also das letzte mögliche Mittel sein (ultima ratio). Deshalb sei auch ein Schlichtungsverfahren erforderlich.

— Auch bei der Durchführung des Arbeitskampfes selbst, und zwar sowohl beim Streik als auch bei der Aussperrung, sei der Grundsatz der Verhältnismäßigkeit zu beachten. Die Mittel des Arbeitskampfes dürften nach ihrer Art nicht über das hinausgehen, was zur Durchsetzung des erstrebten Ziels jeweils erforderlich sei. Das Prinzip der Verhältnismäßigkeit betreffe also nicht nur den Zeitpunkt und das Ziel, sondern auch die Art der Durchführung und die Intensität des Arbeitskampfes. Der Arbeitskampf sei nur dann rechtmäßig, wenn und solange er nach den Regeln eines fairen Kampfes geführt werde. Ein Arbeitskampf dürfe nicht auf die Vernichtung des Gegners abzielen, sondern er habe den gestörten Arbeitsfrieden wiederherzustellen.

— Nach beendetem Arbeitskampf müßten wegen des Grundsatzes der Verhältnismäßigkeit beide Parteien ebenfalls dazu beitragen, daß so bald wie möglich und in größtmöglichem Umfang der Arbeitsfriede wiederhergestellt werde[104].

Entsprechende Regelungen sollten in Tarifverträgen vereinbart werden. Die Koalitionen sollten im Rahmen der Tarifautonomie den ihnen zur Verfügung stehenden Raum verbindlich ausfüllen. Dies erfordere auch die Rücksichtnahme auf die wirtschaftliche Gesamtlage. So lange dies nicht geschehe, sei anhand des Grundsatzes der Verhältnismäßigkeit die Zulässigkeit von Anlaß, Beginn, Art der Durchführung und weiteren Entwicklung des Arbeitskampfes zu prüfen[105]. Grundsätzlich sei die Aussperrung anzuerkennen. Dies erfordere das bestehende Tarifvertragssystem. Das Recht dazu stehe auch dem einzelnen Arbeitgeber zu[106]. Grundsätzlich habe gemäß dem Grundsatz der Verhältnismäßigkeit die Angriffsmaßnahme nur suspendierende Wirkung. Dies gelte auch für die Abwehraussperrung, die keinesfalls eine stumpfe Waffe sei, sondern den streikenden Arbeitnehmer durchaus beeinträchtigen könne[107]. Unter erschwerten Voraussetzungen sei auch eine lösende Aussperrung möglich. Dies sei vor allem bei einer Steigerung der Kampfintensität, etwa langer Dauer des Streiks, der Fall. Es könne auch lösend ausgesperrt werden, wenn während des Arbeitskampfes

[104] BAG AP Nr. 43 zu Art. 9 GG Arbeitskampf III A 2.

[105] BAG ebd. III A 3.

[106] BAG ebd. III B.

[107] BAG ebd. III C.

durch Rationalisierung Arbeitsplätze eingespart würden[108]. Bei der Verhandlung über die Wiedereinstellung ausgesperrter Arbeitnehmer habe der Arbeitgeber die Möglichkeit der Ausübung eines vom Gericht nachprüfbaren billigen Ermessens. Die Beweislast trage wegen der Sachnähe zur Entscheidung der Arbeitgeber[109]. Hinsichtlich seiner Anwendung im Rahmen des Arbeitskampfrechts finden sich in der Rechtsprechung des BAG zum Grundsatz der Verhältnismäßigkeit also umfangreiche Ausführungen. Er ist bei einer Vielzahl von Gesichtspunkten zu berücksichtigen. Diese Rechtsprechung des BAG blieb jedoch nicht ohne Widerspruch. Gerade im Hinblick auf die Anwendung des Grundsatzes der Verhältnismäßigkeit finden sich umfangreiche Einwände in der Literatur. Auf diese Kritik soll im nächsten Abschnitt eingegangen werden.

b) Stellungnahmen in der Literatur

Der Beschluß des Großen Senats vom 21. 4. 71[110] fand ein großes Echo in der Literatur[111]. Während er nur bei wenigen Autoren auf Zustimmung stieß[112], wurde von der bei weitem überwiegenden Zahl der Rezensenten hinsichtlich der verschiedensten Gesichtspunkte Kritik geübt.

Beanstandet wurde zunächst die vom BAG oft geübte Praxis, durch obiter dicta die weitere Rechtsentwicklung zu beeinflussen[113]. Es ist nicht zu verkennen, daß die Ausführungen des Großen Senats weit über die im Vorlagebeschluß des 1. Senats[114] aufgeworfene Rechtsfrage hinausgehen. Säcker[115] sieht diese Verfahrensweise als den Versuch einer „Fernsteuerung" der Gewerkschaften an. Unbehagen verursacht auch die Tatsache, daß ein so eminent politischer Bereich wie der des Arbeitskampfrechts durch Richterspruch ausgefüllt wurde. Zwar sei die richterliche Rechtsfortbildung gerade im Arbeitsrecht zwingend erforderlich, da eine ständige Anpassung des Rechts an veränderte Umweltbedingungen notwendig sei, jedoch ergäben sich Schranken dieser Befugnis. Diese lägen dort, wo politische Grundsatzentscheidungen von einem nicht unter parlamentarischer Kontrolle stehenden Gremium

---

108 BAG ebd. III D.

109 BAG ebd. III E.

110 BAG AP Nr. 43 zu Art. 9 GG Arbeitskampf.

111 Vgl. die Nw. bei Joachim in: Streik und Aussperrung S. 28 f.

112 Müller RdA 71, 321; Scheuner RdA 71, 327; Reuter JuS 73, 284.

113 Joachim wie Fn. 111; Rose Soz. Fort. 72, 125 m. zahlr. Nw.

114 BAG 1 AZR 113/68 v. 3. 9. 68 = AP Nr. 39 zu Art. 9 GG Arbeitskampf.

115 Säcker GMH 72, 287, 288; a. A. Richardi RdA 71, 334: Die Ausführungen des Großen Senats bewegten sich im Rahmen des rechtlich Zulässigen, da nur bei Berücksichtigung des inneren Zusammenhangs von Streik und Aussperrung eine sachgerechte Entscheidung habe getroffen werden können.

getroffen würden[116]. Ebenfalls nicht ohne Widerspruch geblieben ist die vom BAG ausdrücklich hervorgehobene Bindung der Arbeitskampfparteien an die Interessen der Allgemeinheit[117]. Unterstützt wird diese Ansicht des BAG durch die Beiträge von Reuter[118] und Müller[119]. Hart kritisiert wird diese Auffassung von Däubler[120]. Er nimmt insbesondere Bezug auf die Ausführungen Müllers. Dieser hebt am Ende seines Aufsatzes hervor, die Aufgabe des BAG bestünde darin, einen Zustand der Ordnung herzustellen. Darunter versteht er folgendes:

> „Ordnung, das ist zutiefst kein polizeistaatlicher Begriff und noch weniger ein Leerbegriff. Ordnung ist vielmehr dem Menschen gemäße und für ihn sinnvolle Ruhe, die eintritt und gegeben ist, weil jeder die ihm von der Sache her zukommende Position erhält und bewahrt."

Däubler[121] rügt, daß sich hinter diesen Ausführungen eine statische Auffassung verberge, die auf eine möglichst umfangreiche Beschränkung gewerkschaftlicher Machtentfaltung abziele. Reuß[122] sieht in der Gemeinwohlbindung einen unzulässigen Eingriff in die Tarifautonomie. Sie stelle eine Tarifzensur dar.

Diese kurze Darstellung sollte nur einen ganz allgemeinen Überblick über den Meinungsstand zur Anwendung des Grundsatzes der Verhältnismäßigkeit im Bereich des Arbeitskampfrechts geben. Im Zusammenhang mit der vorliegenden Arbeit interessieren jedoch eher die innere Ausgestaltung des Grundsatzes der Verhältnismäßigkeit, die Folgen seiner Anwendung in diesem Bereich und die Kritik, die sich in diesem Punkt entzündet hat. Dies soll im weiteren dargestellt werden.

Zunächst ergeben sich rein formale Bedenken. Es wird gerügt, daß entgegen den sonstigen Gepflogenheiten in dem Beschluß des Großen Senats Erforderlichkeit und Verhältnismäßigkeit nicht mehr unterschieden würden[123]. Hiergegen läßt sich jedoch einwenden, daß aus dem Gesamtzusammenhang erkennbar wird, daß auch die Proportionalität als zum Grundsatz der Verhältnismäßigkeit zugehörig angesehen wird. In dem Beschluß wird der Begriff „ultima ratio" verwendet. In diesem Zusammenhang werden auch Hueck/Nipperdey zitiert. Diese verstehen darunter jedoch die Kombination von Erforderlichkeit und Proportiona-

---

[116] Reuß AuR 71, 351, 354; Rose Soz. Fort. 72, 125, 126; Säcker GMH 72, 287, 289; dies übersieht Scheuner RdA 71, 327.

[117] BAG AP Nr. 43 zu Art. 9 GG Arbeitskampf III A 1.

[118] Reuter JuS 73, 284, 285.

[119] Müller RdA 71, 321, 324.

[120] Däubler JuS 72, 642, 648.

[121] Däubler JuS 72, 642, 648.

[122] Reuß AuR 71, 353, 356.

[123] Däubler JuS 72, 642; Löwisch ZfA 71, 319, 321; Reuß AuR 71, 353, 354.

lität[124]. Entgegen der Befürchtung Däublers[125] befindet sich das BAG, wenn es auch nicht ausreichend deutlich gemacht wurde, in Übereinstimmung mit der sonst üblichen Terminologie.

Wichtiger als diese formellen Gesichtspunkte erscheinen die Bedenken, die sich aus der konkreten Anwendung des Grundsatzes der Verhältnismäßigkeit ergeben. Es darf hier noch einmal daran erinnert werden, daß das BAG die mögliche Beeinträchtigung der Allgemeinheit durch die Auswirkungen des Arbeitskampfes als Grund für dessen Beschränkung durch das Prinzip der Verhältnismäßigkeit bezeichnet hat. Daraus wurde u. a. hergeleitet, daß das mit einem Arbeitskampf verfolgte Ziel der gerichtlichen Kontrolle unterliege[126]. Diese Ansicht vertritt auch Müller[127]:

> „Da der Arbeitskampf als ein von der Rechtsordnung zur Verfügung gestelltes Instrument bejaht wird, kann wohl nur seine offensichtliche Ausuferung nachgeprüft werden. Es muß gleichsam auf der Hand liegen, daß das Kampfziel und der Arbeitskampf als Mittel zur Erreichung dieses Zieles einander widersprechen, daß dieserhalb Inadäquanz gegeben ist."

Gegen diese Auffassung wird eine ganze Reihe von Argumenten angeführt:

— Eine solche Kontrolle des von den Arbeitskampfparteien erstrebten Zieles wäre verfassungswidrig. Sie widerspräche dem durch Art. 9 Abs. 3 GG gewährleisteten Streikrecht. Das Schrankensystem der Grundrechte würde verkannt[128].

— Die Unbestimmtheit des Gemeinwohlbegriffs verstieße gegen das Rechtsstaatsgebot[129].

— In einer Berücksichtigung des Gemeinwohls könnte auch eine über die Grenze des § 3 Abs. 2 des Stabilitätsgesetzes hinausgehende Bindung der Tarifvertragsparteien an staatliche Orientierungsdaten, die einer Zwangsschlichtung gleichkäme, liegen[130].

— Es fehlte eine eigentlich zu erwartende öffentlich-rechtliche Sanktion bei Verstößen gegen das Prinzip der Verhältnismäßigkeit[131].

Weiterhin wirft sich die Frage auf, worin der Grund für die Anwendung des Grundsatzes der Verhältnismäßigkeit, einer eigentlich typisch

---

[124] H/N II/2 S. 1022 f.

[125] Däubler JuS 72, 642.

[126] BAG AP Nr. 43 zu Art. 9 GG Arbeitskampf III A 2 b.

[127] Müller RdA 71, 321, 324.

[128] Däubler JuS 72, 642, 643; Reuß AuR 71, 353, 358; Joachim in: Streik und Aussperrung S. 38.

[129] Reuß AuR 71, 353, 356.

[130] Reuß AuR 71, 353, 356 m. zahlr. Nw.; Löwisch ZfA 71, 319, 322; Joachim in: Streik und Aussperrung S. 38.

[131] Löwisch ZfA 71, 319, 323.

öffentlich-rechtlichen Vorstellung, im privatrechtlichen Bereich des Arbeitskampfrechts liegen könnte. Berücksichtigt man diese öffentlichrechtliche Komponente des Grundsatzes der Verhältnismäßigkeit, folgt man also der Vorstellung des Eintritts eines „Drittschadens" durch Einwirkung der Arbeitskampfparteien auf Unbeteiligte, so muß man zumindest ein grundsätzliches Über- und Unterordnungsverhältnis voraussetzen, um eine annähernd tragfähige Parallele herstellen zu können. Von einem Machtgefälle zwischen Gewerkschaften und Arbeitgebern kann jedoch unter Berücksichtigung der tatsächlichen Gegebenheiten keine Rede sein[132]. Man könnte den Grundsatz der Verhältnismäßigkeit auch als allgemeines Mittel zur Lösung von Rechtsgüterkollisionen ansehen und ihn auf den Arbeitskampf anwenden. Dagegen meint jedoch Däubler[133], hier liege nichts anderes als eine Auseinandersetzung auf dem Arbeitsmarkt vor. Streik sei eine Leistungsverweigerung auf dem Gütermarkt. Der Arbeitsmarkt dürfe nicht gegenüber anderen Märkten durch die Einführung des Grundsatzes der Verhältnismäßigkeit diskriminiert werden. Reuter[134] hält dies jedoch nicht für einen Bestandteil des freien Gütermarktes, sondern des „Gegengewichtsmarktes", da sich hier nur zwei Beteiligte gegenüber stünden. Da zunächst die Arbeitsverhältnisse nur suspendiert würden, sie also grundsätzlich weiter bestünden, sei der Arbeitgeber nicht frei im „Ankauf anderer Arbeitskraft". Es scheint, daß die Situation — unter der Voraussetzung eines ausgewogenen Verhältnisses von Arbeitskräften und Arbeitsplätzen — von dem Gegengewichtsmodell besser erfaßt wird[135]. Es fragt sich allerdings, ob die Ablehnung von Däublers Theorie unbedingt zur Anwendung des Grundsatzes der Verhältnismäßigkeit führen muß. Auch Löwisch[136] vertritt die These, daß Erforderlichkeit und Proportionalität als allgemeine Lösungsprinzipien bei Rechtsgüterkollisionen anzusehen seien. Er prüft dies unter dem Gesichtspunkt der Rechtfertigung einer eigentlich vorliegenden Vertragsverletzung bzw. einer unerlaubten Handlung nach § 823 Abs. 1 BGB. Er wirft die eigentliche, entscheidende Frage auf, worin denn der Bezugspunkt zu sehen sei, an dem das Vorliegen von Erforderlichkeit und Proportionalität geprüft werden könne. In dieser vom BAG völlig vernachlässigten Fragestellung liegt der eigentliche Wert der Untersuchung von Löwisch: Erforderlichkeit und Proportionalität können nur dann be-

---

132 Vgl. die Zahlen bei Joachim in: Streik und Aussperrung S. 36; Däubler JuS 72, 642, 643.

133 Däubler JuS 72, 642, 643.

134 Reuter JuS 73, 284, 285.

135 Während einer großen Arbeitslosigkeit könnte der Arbeitgeber durch auf die Dauer des Streiks befristete Einstellungen eine Lage herbeiführen, auf die die Vorstellung des freien Gütermarktes besser passen würde.

136 Löwisch ZfA 71, 319, 326.

stimmt werden, wenn klar geworden ist, welchem Zweck eine Maßnahme dienen soll.

So überzeugend diese Ausführungen zunächst klingen, muß jedoch daran erinnert werden, daß Ausgangspunkt der Überlegungen die These war, daß der Grundsatz der Verhältnismäßigkeit ein allgemeines Problem der Konfliktlösung darstelle. Zwar hat Löwisch einige Beispiele genannt, die dies zu bestätigen scheinen, jedoch haben wir oben[137] gesehen, daß der Grundsatz der Verhältnismäßigkeit im Zivilrecht bislang völlig ungeklärt ist und seine Anwendung differiert. Auch Löwisch kann keine überzeugende Begründung für die grundsätzliche Anwendbarkeit des Grundsatzes der Verhältnismäßigkeit im Arbeitskampfrecht geben. Trotz der umfangreichen Bearbeitung in Literatur und Rechtsprechung hat der Grundsatz der Verhältnismäßigkeit im Arbeitskampfrecht noch keinen ausreichend begründeten Platz gefunden.

Joachim[138] sieht dies so:

> „Die Einführung des Grundsatzes der Verhältnismäßigkeit in das Arbeitskampfrecht ist ein mit untauglichen und rechtlich bedenklichen Mitteln unternommener Versuch, die Rechte der Gewerkschaften, die ihnen von Verfassungs wegen zustehen, weit vor der immanenten Grenze der Sittenwidrigkeit abzufangen. Dieser Versuch sollte abgebrochen werden."

2. Ruhegeld

Der Grundsatz der Verhältnismäßigkeit findet sich auch in weiteren Materien des Arbeitsrechts. Allerdings wird er oft nicht so deutlich ausgesprochen wie im Rahmen des Beschlusses des Großen Senats über die Zulässigkeit der lösenden Aussperrung.

Ein gutes Beispiel dafür ist die grundlegende Entscheidung des BAG über die Unverfallbarkeit von Ruhegeldanwartschaften vom 10. 3. 72[139]. Zunächst stellte das Gericht in der Urteilsbegründung den Diskussionsstand in Literatur und Rechtsprechung dar. U. a. wird auch der Gedanke des Übermaßverbotes und der groben Unbilligkeit erwähnt[140]. Diese Überlegung findet später in der Entscheidung ihren Niederschlag. Die Mißachtung des partiell Erdienten wird für besonders hart und unbillig erachtet[141]. Diese etwas vagen Ausführungen erfordern einen Rückbezug auf die zitierte Literatur, um deutlich zu erkennen, welcher Gedanke sich hinter den Billigkeitserwägungen verbirgt. Besonders hervorzuheben ist hier der Aufsatz von Dieterich, in dem ein völlig ein-

---

137 B III.

138 Joachim in: Streik und Aussperrung S. 41.

139 BAG 3 AZR 278/71 = DB 72, 1486.

140 BAG DB 72, 1486, 1487.

141 BAG DB 72, 1486, 1488 f.

seitiges Mittel-Zweck-Verhältnis beanstandet wird[142]. Auf derselben Linie liegt Wiedemann[143], der den Gedanken des „privatrechtlichen Übermaßverbotes" heranzieht. Dabei nimmt er Bezug auf Lerche[144], der das Übermaßverbot als allgemeinen Gedanken des Notrechts (auch des privatrechtlichen) ansieht. Die Anwendung des schonendsten Mittels, also den Gedanken der Erforderlichkeit, sieht v. Arnim[145] als zur Prüfung der „groben Unbilligkeit" geeignet an.

Obwohl hier schon Überlegungen hinsichtlich der Mittel-Zweck-Relation angestellt wurden, ist doch festzustellen, daß über deren konkrete Ausfüllung Unklarheit bestand. Der Grundsatz der Verhältnismäßigkeit war also, ohne daß dies in der Entscheidung ausreichend deutlich wurde, ein wesentliches Argument für die bemerkenswerte Entscheidung des BAG, im Wege der richterlichen Rechtsfortbildung einen Rechtssatz aufzustellen, um einem offensichtlichen Mißstand abzuhelfen.

3. Gratifikation

Wie eben dargestellt wurde[146], beinhaltete die Billigkeitskontrolle der Verfallklauseln im Rahmen der Ruhegeldzusagen eine Verhältnismäßigkeitsprüfung, die bereits andeutungsweise als Mittel-Zweck-Relation ausgestaltet war.

Ein ähnlicher Gedankengang ist auch bei der Rechtsprechung des BAG über die Zulässigkeit von Rückzahlungsklauseln bei der Gewährung von Gratifikationen festzustellen. Es ist allerdings zu bemerken, daß die Terminologie schwankt. In einer frühen Entscheidung[147] untersagte das BAG eine Bindung für eine ungebührlich lange Zeit, später sollen unangemessene Bindungswirkungen vermieden werden[148], bzw. die Rückzahlungsklauseln sollen dem Arbeitnehmer zumutbar sein[149]. Hinter diesen unterschiedlichen Begriffen verbirgt sich jedoch ein gemeinsamer Gedankengang. Die Höhe der Gratifikation und die Dauer der Betriebsbindung werden ins Verhältnis gesetzt. In der letztgenannten Entscheidung führte das BAG ganz deutlich aus:

> „Welche Zeit für den Arbeitnehmer in diesem Sinne zumutbar ist, hängt namentlich davon ab, wie hoch die Gratifikation ist. Einem Arbeitnehmer, der eine eindrucksvolle Gratifikation erhält, ist durchaus zuzumuten, die ihm zustehenden Kündigungsmöglichkeiten innerhalb der in der Rück-

---

[142] Dieterich AuR 71, 129, 131.
[143] Wiedemann RdA 69, 244, 248.
[144] Lerche S. 96; ebenso Larenz Methodenlehre S. 465.
[145] v. Arnim S. 106.
[146] s. o. B IV 2.
[147] BAG 5 AZR 505/58 v. 31. 5. 60 = AP Nr. 15 zu § 611 BGB Gratifikation.
[148] BAG 5 AZR 535/59 v. 8. 12. 60 = AP Nr. 20 zu § 611 BGB Gratifikation.
[149] BAG 5 AZR 452/61 v. 10. 5. 62 = AP Nr. 22 zu § 611 BGB Gratifikation.

zahlungsklausel vorgesehenen Zeit nicht auszuüben, falls er die Gratifikation behalten will. Ein Arbeitnehmer dagegen, der nur eine geringe Gratifikation erhält, wird unter Umständen mit einer einen längeren Zeitraum umfassenden Rückzahlungsklausel regelmäßig überfordert."

Diese Grundsätze sind in der neueren Rechtsprechung des BAG ausdrücklich bestätigt worden[150].

Wenn also einerseits die Höhe der Gratifikation und andererseits die Dauer der Betriebsbindung in Relation gesetzt werden, so ist die Berücksichtigung des Proportionalitätsgedankens festzustellen. Der Grundsatz der Verhältnismäßigkeit hat also partiell auch hier seinen Platz. Anzumerken ist noch, daß in diesem Bereich das zulässige Verhältnis von Höhe der Zuwendung und Dauer der weiteren Betriebszugehörigkeit sehr exakt festgelegt wurde[151].

4. Fürsorgepflicht

Das BAG hat in seiner die Rückzahlung von Gratifikationen betreffenden Entscheidung vom 8. 12. 60[152] ausgeführt, daß eine unangemessene Bindungswirkung auch gegen die Fürsorgepflicht verstieße. Dies legt die Vermutung nahe, daß der Grundsatz der Verhältnismäßigkeit auch bei der Ausübung der Fürsorgepflicht des Arbeitgebers zu beachten ist. Eine Billigkeits (= Verhältnismäßigkeits-)prüfung scheint besonders dann angemessen zu sein, wenn die Fürsorgepflicht des Arbeitgebers vertraglich abbedungen oder eingeschränkt werden soll. Eine solche Beschränkung ist nur hinsichtlich einzelner Pflichten möglich und kann bei einer Abweichung vom dispositiven Recht dann rechtswidrig sein, wenn kein ausreichender Interessenausgleich zwischen den Parteien durchgeführt wurde oder wenn ein Verstoß gegen § 315 BGB vorliegt. Hinsichtlich der Abweichung von dispositivem Recht hat sich die Ansicht durchgesetzt, daß die im Gesetz normierten Regelungen Ausdruck einer bestimmten Ordnungsvorstellung des Gesetzgebers seien, von der nur in begründeten Ausnahmefällen abgewichen werden soll. Dies zeigt sich z. B. an der Rechtsprechung des BGH zur Inhaltskontrolle von Allgemeinen Geschäftsbedingungen[153]. Enneccerus/Nipperdey[154] forderten schon 1959 bei einer Abweichung eine Abwägung der gegenseitigen Interessen, die einer Anwendung des Proportionalitätsgrundsatzes gleichkam. Auch hinsichtlich des Abschlusses und des

[150] BAG 5 AZR 141/72 v. 27. 2. 72 und 5 AZR 227/72 v. 12. 10. 72 = AP Nr. 75, 77 zu § 611 BGB Gratifikation.

[151] Vgl. BAG AP Nr. 22 zu § 611 BGB Gratifikation.

[152] BAG AP Nr. 20 zu § 611 BGB Gratifikation.

[153] Enneccerus/Nipperdey I/1 S. 301.

[154] Enneccerus/Nipperdey I/1 S. 302.

Inhalts von Arbeitsverträgen geht das BAG immer mehr dazu über, eine Inhaltskontrolle durchzuführen. Hierbei wird die Billigkeit der jeweiligen Regelung überprüft[155].

Zu bemängeln ist jedoch, daß bislang keine exakten Maßstäbe gefunden wurden, an denen die Billigkeit einer Vereinbarung gemessen werden kann. In der Rechtsprechung des BAG sind methodologische Ungenauigkeiten festzustellen[156]. Auch hinsichtlich der Fürsorgepflicht läßt sich also eine zumindest ansatzweise Berücksichtigung des Verhältnismäßigkeitsgedankens konstatieren.

5. Gleichbehandlungsgrundsatz

Auch bei einer möglichen Verletzung des Gleichbehandlungsgrundsatzes ist eine Billigkeitskontrolle geboten[157]. Genaue Maßstäbe für die Durchführung einer solchen Prüfung sind jedoch auch hier nicht ersichtlich. Auch der in den zitierten Entscheidungen enthaltene Hinweis auf andere Urteile[158] bringt keinen näheren Aufschluß. In der letztgenannten Entscheidung hat das BAG sogar ausdrücklich auf die Angabe von Maßstäben verzichtet. Die Erklärung für diesen etwas unbefriedigenden Zustand findet sich darin, daß nach herrschender Meinung die Fürsorgepflicht des Arbeitgebers die Grundlage des Gleichbehandlungsgrundsatzes darstellt[159]. Auch dort konnten, wie eben gezeigt, keine eindeutigen Maßstäbe festgestellt werden, wenn auch ansatzweise der Gedanke der Proportionalität angewendet wurde.

6. Direktionsrecht

Ebenso wie in den vorangegangenen Fällen ist der Arbeitgeber auch bei der Ausübung des Direktionsrechts einer Billigkeitskontrolle unterworfen (§ 315 BGB)[160]. Nach Hueck/Nipperdey[161] sollen sich Beschränkungen aus Treu und Glauben, aus der Art des Arbeitsverhältnisses (z. B. eingeschränktes Weisungsrecht gegenüber wissenschaftlichen An-

---

[155] Schaub 2. A. S. 92 m. w. Nw.

[156] Löwisch und Westhoff DB 73, 69, 70.

[157] BAG 3 AZR 510/69 v. 21. 12. 70 = AP Nr. 1 zu § 305 BGB Billigkeitskontrolle; 3 AZR 52/70 v. 22. 12. 70 = AP Nr. 2 zu § 305 BGB Billigkeitskontrolle; Söllner S. 220.

[158] BAG 3 AZR 402/69 v. 19. 6. 70 = AP Nr. 144 zu § 242 BGB Ruhegehalt; von dort auf 3 AZR 119/69 v. 31. 10. 69 = AP Nr. 1 zu § 242 BGB Ruhegehalt-Unterstützungskassen.

[159] Schaub 2. A. S. 481; Staudinger/Nipperdey Vorbemerkung zu § 617 Nr. 13 m. zahlr. Nw.

[160] Schaub 2. A. S. 95, 92.

[161] H/N I S. 159.

gestellten) und aus einem möglichen Verstoß gegen gesetzliche Verbote oder die guten Sitten ergeben. Auch hier werden keine genauen Maßstäbe genannt. Exakter sind dagegen die Ausführungen von Böker[162], der in bestimmten Fällen eine Güterabwägung durchführen will. Dies stellt eine weitere Parallele zum Gedanken der Proportionalität und damit zum Grundsatz der Verhältnismäßigkeit dar.

162 Böker S. 106.

C. Unbestimmter Rechtsbegriff, Beurteilungsermächtigung und Ermessensspielraum

I. Einleitung

In der jüngeren Vergangenheit wurde die Diskussion um den unbestimmten Rechtsbegriff wieder neu belebt. Er war sowohl Beratungsgegenstand auf dem Verwaltungsrichtertag 1974 als auch auf der Staatsrechtslehrertagung 1975[1]. Auch die Rechtsprechung zu diesem Thema hat neue Akzente gewonnen. Hervorzuheben sind der Beschluß des Gemeinsamen Senats der obersten Gerichtshöfe des Bundes vom 19. 10. 71[2], die Urteile des BVerwG vom 16. 12. 71[3] und vom 21. 1. 72[4] sowie des VG Berlin vom 25. 10. 72[5].

II. Der Meinungsstand in der verwaltungsrechtlichen Literatur und Rechtsprechung

Ausgangspunkt der Entwicklung der Dogmatik war die Vorstellung, die Verwaltung handele in einem vom positiven Recht umgrenzten Ermessensfreiraum. Grundsätzlich wurde zwischen Verwaltungs- und richterlichem Ermessen unterschieden, wobei letzteres im Gegensatz zu ersterem immer konkrete Gesetzesanwendung sein sollte[6]. Dieser theoretische Ansatz war jedoch in der Praxis nicht unumstritten, wie sich etwa an der kontroversen Rechtsprechung des BVerwG und einiger Landesverwaltungsgerichte zum Begriff der „Interessen des öffentlichen Verkehrs" im Sinne von § 9 PersBefG zeigte[7]. In dieser von gegensätzlichen Auffassungen geprägten Situation erschien der grundlegende Aufsatz von Bachof[8], in dem er die grundsätzliche Trennung

---

[1] Vgl. Ossenbühl DVBl. 74, 309; W. Schmidt NJW 75, 1753.

[2] BVerwG 39, 355.

[3] BVerwG 39, 197.

[4] BVerwG DVBl. 72, 895.

[5] VG Berlin DVBl. 74, 375.

[6] Vgl. Rupp S. 178 m. zahlr. Nw.

[7] BVerwG JZ 54, 575, 576; VGH Freiburg DöV 53, 636; a. A. LVG Rheinland/Pfalz v. 11. 9. 51 = DVBl. 52, 187; OVG Berlin v. 13. 2. 52 = DVBl. 52, 770; Bachof JZ 55, 97 m. w. Nw. aus der Rspr. der LVGe.

[8] Bachof JZ 55, 97 ff.

von Tatbestands- und Rechtsfolgenseite einer Norm einführte. Er war der Ansicht, es handelte sich um völlig verschiedene Dinge, wenn einerseits die Verwaltung bei der Einschätzung von Handlungsvoraussetzungen einen Spielraum besäße, sie andererseits bei deren Vorliegen aber die Auswahl zwischen verschiedenen Handlungsmöglichkeiten hätte[9]. Zum Ausgleich für die Einbuße an Ermessen auf der Tatbestandsseite („Subsumtionsermessen", „Urteilsermessen", „Beurteilungsermessen") führte er den Begriff des „unbestimmten Rechtsbegriffs mit Beurteilungsspielraum" ein. Dieser Auffassung entsprach inhaltlich die zur selben Zeit erstmals veröffentlichte „Vertretbarkeitslehre" Ules[10]. Eine weitere Differenzierung dieser Betrachtungsweise ergab die Unterscheidung von „Begriffskern" und „Begriffshof"[11]. Innerhalb des „Begriffshofs" sollten „vertretbare Entscheidungen" der Verwaltung nicht zu beanstanden sein. Der Einführung dieser neuen Bezeichnung, die zunächst keine Auswirkung zu haben schien, folgte eine ständige Einengung des Beurteilungsspielraums durch die Verwaltungsgerichte. Man könnte diese Entwicklung mit der Formel kennzeichnen: „Vom Beurteilungsspielraum zum Beurteilungsprivileg[12]!" Diese Entwicklung führte mit der Zeit zur Herausarbeitung einer Reihe von Fallgruppen, in denen die Verwaltung z. B. wegen ihres besonderen Sachverstandes einen Beurteilungsspielraum besitzt, dessen Ausfüllung der Richter nur in sehr begrenztem Umfang nachprüfen kann. Diese Materien können zu bestimmten Fallgruppen zusammengefaßt werden, wobei der Sprachgebrauch der verschiedenen Autoren durchaus unterschiedlich ist. Hier sollen nur die im Rahmen dieser Arbeit interessierenden Fallgruppen kurz vorgestellt werden. Neben den hier nicht einschlägigen „unvertretbaren Entscheidungen"[13] und „verbindlichen Wertungen besonderer Verwaltungsorgane"[14] sind zu erwähnen:

1. Planungsentscheidungen

Auch im Bereich der Planungsentscheidungen verfügt die Verwaltung über einen Beurteilungsspielraum. Dies ergibt sich daraus, daß ihr diese Aufgabe durch Gesetz übertragen wurde. Wollte das Gericht seine an die Stelle der Verwaltungsentscheidung setzen, würde es gegen die rechtsstaatliche Kompetenzverteilung verstoßen[15].

---

[9] Bachof JZ 55, 97, 98.

[10] Gedächtnisschrift für Jellinek (1955) S. 309, 326.

[11] Jesch AöR 82, 163 ff.; Heck AcP 112, 1, 173.

[12] Ossenbühl DöV 68, 618, 620 m. zahlr. Nw.

[13] Wolff/Bachof I S. 193 f.; W. Schmidt NJW 75, 1753, 1755; Ossenbühl DVBl. 74, 309, 311.

[14] Wolff/Bachof I S. 193 f.; Ossenbühl DVBl. 74, 309, 312; W. Schmidt NJW 75, 1753, 1755 jeweils mit weiteren Nachweisen.

[15] Wolff/Bachof I S. 192; Ossenbühl DVBl. 74, 309, 313.

2. Prognoseentscheidungen

Eine gewisse Ähnlichkeit mit der eben aufgezeigten Fallgruppe weisen die Prognoseentscheidungen auf. Dies zeigt sich u. a. daran, daß Wolff/Bachof[16] beide Gruppen zusammenfassen. Auch hier liegt die Begründung in der Zuständigkeit. Die Verwaltung soll über das, was sie (u. a. politisch) zu verantworten hat, auch entscheiden können[17].

3. Andere Arten behördlicher Einschätzungen

Hier handelt es sich um eine nur bei Wolff/Bachof gesondert auftretende Fallgruppe. Man könnte sie zusammen mit den beiden zuletzt erwähnten Gruppen unter dem Oberbegriff „einschätzende Entscheidungen" zusammenfassen. Die parallele Behandlung hat jedoch den Vorteil, daß unterschiedliche Nuancen besser zum Ausdruck kommen. In diese Fallgruppe gehören z. B. „das Ausreichen einer Höhe", „die entnehmbare Wassermenge", „das Wohl der Allgemeinheit" oder „eine nicht unerhebliche Zahl". Begründet werden kann auch diese Fallgruppe mit den Argumenten Sachverstand, Kompetenzverteilung und Verantwortung[18].

Neue Bewegung in die erstarrten dogmatischen Positionen schienen dann einige (eingangs bereits zitierte) Entscheidungen des BVerwG und des VG Berlin zu bringen. Hinsichtlich des das Gesetz über die jugendgefährdenden Schriften betreffenden Urteils des BVerwG vom 16. 12. 71[19] bemerkte Bachof[20], „dieses Urteil sei fast eine Sensation". Jedoch erschienen auch sofort Beiträge, die auf die Einzelfallbezogenheit dieser neuen Rechtsprechung hinwiesen[21]. Verallgemeinerungen seien nicht zulässig. Diese einschränkende Ansicht wurde dann auch durch spätere Entscheidungen des BVerwG bestätigt[22]. Trotz des erneuten Einschwenkens der Rechtsprechung auf die alte Linie versucht Ossenbühl[23] weiter, „die Wende vom Begriffsdenken zum Entscheidungsdenken" zu vollziehen. Dieses Unternehmen unterstützt W. Schmidt[24] durch seinen Beitrag zur Verbesserung der Ermessenslehre.

---

16 Wolff/Bachof I S. 192.

17 Wolff/Bachof I S. 192; Ossenbühl DVBl. 74, 309, 313.

18 Wolff/Bachof I S. 194 m. zahlr. w. Nw.

19 BVerwG 39, 197.

20 Bachof JZ 72, 208.

21 Kloepfer Anm. zur Entscheidung des Gemeinsamen Senats NJW 72, 1411; Kellner DöV 72, 801 empfiehlt die Anwendung seiner „Faktorentheorie" (vgl. ders. DöV 62, 572, 578).

22 BVerwG 40, 353 (LS); vgl. auch Kellner DöV 72, 801, 806.

23 Ossenbühl DVBl. 74, 309, 311 ff.

24 W. Schmidt NJW 75, 1753 ff.

III. Neue Tendenzen in der theoretischen Diskussion

Die auf Bachof zurückgehende Trennung von Tatbestands- und Rechtsfolgenseite einer Norm und die damit verbundene Einführung des „unbestimmten Rechtsbegriffes mit Beurteilungsspielraum" sieht sich in letzter Zeit zunehmend stärkerer Kritik ausgesetzt, die sowohl formelle als auch materielle Gesichtspunkte betrifft.

1. Die formellen Gesichtspunkte

Wie oben[25] ausgeführt wurde, geht die Einführung des „unbestimmten Rechtsbegriffes mit Beurteilungsspielraum" auf Bachof zurück. Hier ist kurz anzumerken, daß grundsätzliche verfassungsrechtliche Bedenken gegen unbestimmte Rechtsbegriffe nicht bestehen[26]. Es muß nur zu erkennen sein, was unter dem Tatbestandsmerkmal zu verstehen ist und was nicht[27].

Entgegen der Ausgangslage, bei der lediglich eine Veränderung der Bezeichnung ohne Auswirkung auf die inhaltliche Gestaltung der Ermessensausübung erwartet wurde, haben sich im Laufe der Zeit zahlreiche Einschränkungen ergeben. Nach herrschender Meinung ist die Auslegung unbestimmter Rechtsbegriffe grundsätzlich eine Rechtsfrage, die voller richterlicher Nachprüfung unterliegt[28]. Die Verwaltung hat nur noch in einzelnen Fällen ein Beurteilungsprivileg. Dies ist dann der Fall, wenn der unbestimmte Rechtsbegriff Bestandteil einer der Normen ist, die zu einer der oben[29] erwähnten Fallgruppen gehört. Auch dann ist eine Subsumtion nur im konkreten Fall, nicht eine abstrakte Auslegung erlaubt. Gegen diese Auffassung sprechen einige Gesichtspunkte, die auch in der eingangs zitierten Rechtsprechung ihren Niederschlag gefunden haben.

a) § 114 VwGO

Ein erstes Argument ergibt sich aus § 114 VwGO. In dieser Vorschrift ist der der Ermessensausübung zugrundeliegende Zweck ausdrücklich erwähnt. Eine gegen diesen Zweck verstoßende Ermessensausübung wäre rechtsfehlerhaft. Bislang wurde nicht dogmatisch sauber geklärt,

[25] s. o. C II.

[26] Ständige Rechtsprechung des BVerfG, z. B. BVerfG 3, 225, 243; 13, 153, 161.

[27] BVerfG 21, 73, 80.

[28] Bachof JZ 55, 97, 98; Wolff/Bachof I S. 190; Ossenbühl DVBl. 74, 309, 314; Kellner DöV 72, 801, 808; VG Berlin DVBl. 74, 375, 376.

[29] s. o. C II.

wie der Ermächtigungszweck auf die Rechtsfolgenseite einer Norm gelangen könnte[30].

b) *Die Behandlung von Koppelungsvorschriften*

In Fortführung der Rechtsprechung des RFH und des BFH zu § 131 AO konstatierte der Gemeinsame Senat im Beschluß vom 19. 10. 71[31] eine „unlösbare Verbindung zwischen Voraussetzungen und Rechtsfolge“. Die bisher herrschende Meinung über die Behandlung sogenannter „Koppelungsvorschriften“, bei denen ein unbestimmter Rechtsbegriff im Tatbestand mit einer Ermessensermächtigung auf der Rechtsfolgenseite verbunden ist, ging von einer unterschiedlichen Nachprüfbarkeit beider Teile einer Norm aus. Während die Auslegung, die die Tatbestandsseite durch die Verwaltung erfahren hatte, voll nachgeprüft wurde, bestand für die Rechtsfolge nur eine beschränkte gerichtliche Kontrolle.

Gegen die Ausführungen in dem zitierten Beschluß regte sich sofort Kritik. Kloepfer[32] warnte davor, die in der Entscheidung aufgestellten Grundsätze zu verallgemeinern. Ihm folgte auch das BVerwG in einer späteren Entscheidung[33] mit der Bemerkung, es bestünde keine Vergleichbarkeit der Vorschriften des Namensänderungsgesetzes mit § 131 AO. Es wurde auch ausgeführt, daß der Gemeinsame Senat zwar die althergebrachte Auffassung vom „Mischtatbestand“ abgelehnt habe, jedoch nicht der Ansicht des BFH gefolgt sei, indem er § 131 AO auf Grund der Entstehungsgeschichte als reine Ermessensvorschrift ausgelegt habe[34]. Auch habe diese Auslegung gezeigt, daß § 131 AO als Ermessensvorschrift der Behörde einen gewissen Spielraum eröffnete. Dieser folge nicht aus dem Tatbestandsmerkmal der „Unbilligkeit“ in § 131 AO[35].

Diese Kritik geht jedoch aus verschiedenen Gründen fehl. In dem konkreten Fall ging es lediglich um die Entscheidung der Frage, ob § 131 AO weiterhin im Sinne der überkommenen Rechtsprechung des BverwG als Koppelungsvorschrift in unterschiedlichem Maße nachzuprüfen wäre. Die getroffene Entscheidung enthält zunächst nur eine Ablehnung der früheren Rechtsprechung, jedoch keine Äußerung darüber, ob die Vorstellung von einem „unbestimmten Rechtsbegriff mit Ermessensermächtigung“ nicht die gleichen Ergebnisse zuließe wie die Auslegung als Ermessensvorschrift. Die auf die Entstehungsgeschichte

---

[30] VG Berlin DVBl. 74, 375, 377.

[31] BVerwG NJW 72, 1411.

[32] Kloepfer Anm. zu BVerwG NJW 72, 1411.

[33] BVerwG 40, 353.

[34] Kellner DöV 72, 801, 805.

[35] Kellner DöV 72, 801, 805.

der Norm abstellende Ansicht, die diese für eine Ausnahmeregelung hält, übersieht, daß der Gemeinsame Senat einen ganz allgemein gehaltenen Satz über das Verhältnis von Tatbestand und Rechtsfolge aufgestellt hat. Zwischen beiden besteht eine unlösbare Verbindung. Wollte man es bei der früheren Ansicht belassen, übersähe man, daß durch die letztendlich vom Gericht durchgeführte Präzisierung der Tatbestandsseite der Spielraum der Verwaltung auf der Handlungsseite ausgehöhlt wird[36]. Ein ganz entscheidendes Argument liefert das „Importquoten-Urteil" des BVerwG[37]. Kloepfer[38] wollte die aus dem Beschluß des Gemeinsamen Senats zu ziehenden Folgerungen restriktiv nur auf Normen mit vergleichbarer Struktur anwenden. Das BVerwG widerlegte ihn mit dem zitierten Urteil. Es nahm einen Ermessensspielraum bei einer Norm an, die nicht die von Kloepfer vorausgesetzte Struktur aufwies. § 10 Abs. 3 AWG ist nach der äußeren Form („... sind aufzuheben.") zwingendes Recht.

2. Die materiellen Gesichtspunkte

Aus der Untersuchung der formellen Gesichtspunkte ist das Fazit zu ziehen, daß die bisherige Dogmatik zumindest in Bewegung geraten ist. Neben diesen formellen Bedenken stehen — entscheidend — materielle Gesichtspunkte, die für eine Abkehr von der althergebrachten Auffassung sprechen. Drei Punkte müssen berücksichtigt werden.

Zunächst ist zu prüfen, ob es sich beim Prinzip der einzig rechtmäßigen Entscheidung um eine Fiktion handelt. Daraus ergibt sich dann die Frage, wem das Recht zur Letztentscheidung zustehen soll. Außerdem stellt sich das Problem — wenn man von der Bachofschen Theorie abweichen will —, ob und unter welchen Voraussetzungen dann der Rechtsschutz des Bürgers gewahrt bliebe.

a) Die „Fiktion" der einzig rechtmäßigen Entscheidung

Das BVerwG[39] hat die Ansicht, es könne nur eine rechtmäßige Entscheidung geben, ausdrücklich als Fiktion bezeichnet. Auch Bachof[40] hatte schon Zweifel an diesem Gedanken geäußert. Rupp[41] wies darauf hin, daß es sich um ein erkenntnistheoretisches Problem handele, das von den verschiedenen philosophischen Richtungen unterschiedlich behandelt würde. Eine eindeutige Antwort sei zwangsläufig nicht möglich.

---

[36] Ossenbühl DöV 68, 618, 622.
[37] BVerwG DVBl. 72, 895, 896.
[38] Kloepfer Anm. zu BVerwG NJW 72, 1411.
[39] BVerwG 39, 197.
[40] Bachof JZ 55, 97, 101.
[41] Rupp S. 184.

Es ist jedoch zu bedenken, daß die „Fiktionsthese" im Hinblick auf eine konkrete Norm ausgesprochen wurde. Es geht nicht um ein allgemeines Problem der Erkenntnistheorie, sondern um die Auslegung einer konkreten Norm der bestehenden Rechtsordnung[42]. Bachof[43] hält es für möglich, daß im Hinblick auf die Eignung von Büchern zur Jugendgefährdung verschiedene Entscheidungen des Gremiums vertretbar = richtig = rechtmäßig sein können. Diese Betrachtung verwechselt jedoch die konkrete und die allgemeine erkenntnistheoretische Ebene. Diese Rechtsordnung verfügt für die Fälle, in denen Beurteilungsschwierigkeiten auftreten können, über Regeln (z. B. Beweislastregeln), die eine eindeutige Entscheidung ermöglichen. Rechtmäßig ist nur diese von dem zuständigen Organ getroffene Entscheidung[44].

b) Die Zuständigkeit zur Letztentscheidung

Es erhebt sich die Frage, wer das für die Letztentscheidung zuständige Organ sein soll[45]. Eine mögliche Lösung wäre die Wiedereinführung der Bezeichnung „normative" und „empirische" Begriffe. Neben den Bedenken, die sich gegen die neukantianische Trennung von Sollen und Sein erheben, spricht dagegen der Beschluß des Gemeinsamen Senats[46], in dem der Verwaltung die Ausfüllung eines normativen Begriffs zugestanden wurde[47].

Es wird auch die Ansicht vertreten, daß im Rahmen der Bandbreite der Entscheidungsmöglichkeiten die Verwaltung durch Delegation eine eigene Ausfüllungsbefugnis erhalten habe[48]. Die Verwaltung verfüge damit über eine Konkretisierungsermächtigung, die im Rahmen einer analogen Anwendung des Art. 80 GG nachgeprüft werden könne.

Diese Auffassung begegnet jedoch den Bedenken der mangelnden Praktikabilität und der Nichtgewährleistung der Gleichheit vor dem Gesetz. Es ist nicht ersichtlich, wie bei der Vielzahl gesetzesanwendender Behörden eine einheitliche Gesetzesanwendung erreicht werden könnte[49]. Eine weitere Möglichkeit bietet die von Kellner[50] entwickelte

---

42 Kellner DöV 72, 801, 803.

43 Bachof JZ 72, 641 Fn. 25.

44 Ossenbühl DVBl. 74, 309, 310; Kellner DöV 72, 801, 804 Fn. 26; a. A. Nierhaus DVBl. 77, 19, 22, der auch Fehlprognosen im Rahmen des normativen Fehlerkalküls für rechtmäßig hält.

45 Vgl. W. Schmidt NJW 75, 1753, 1755; Kellner DöV 72, 801, 804; Ossenbühl DVBl. 74, 309, 310.

46 BVerwG NJW 72, 1411.

47 W. Schmidt NJW 75, 1753, 1757.

48 Weigel S. 168.

49 Kellner DöV 72, 801, 807 f.

50 Kellner DöV 62, 572, 578.

und von Redeker[51] begrüßte Faktorenlehre. Kellner hat eine Reihe von Voraussetzungen zusammengestellt, bei deren Vorliegen die Gerichte die Entscheidung auf bestimmte Weise zusammengesetzter Gremien nicht inhaltlich kontrollieren sollten. Es handelt sich im Ergebnis um eine Beurteilungsermächtigung[52].

Diese Lehre entspricht jedoch nicht den Anforderungen, die heute an die Verwaltung gestellt werden. Kellner[53] erhebt gegenüber der Ansicht, die eine eingeschränkte Aufgabenstellung der Verwaltung annimmt, den Vorwurf einer petitio principii. Gerade er aber unterliegt einem bestimmten Vorverständnis. Seine Theorie ist eine Spielart der „Gesetzesanwendungsdoktrin". Verwaltung ist danach der durch den Richter zu kontrollierende Gesetzesvollzug. Dies ist jedoch nur soweit möglich, wie der Richter die Vorstellungen der Verwaltung nachvollziehen kann. Es scheitert „jenseits der Mitteilbarkeitsgrenze". Diese Methode bewährt sich nur bei statischen Verhältnissen. Wenn schnelle Änderungen der bisherigen Auffassung notwendig werden, kann die Rechtsprechung diesen Anforderungen erfahrungsgemäß schon allein auf Grund der Prozeßdauer nicht genügen. Das Recht zur Letzterkenntnis darf also nicht nur auf der theoretischen Grundlage der hergebrachten Rollenverteilung von Judikative und Exekutive beruhen, sondern muß den heutigen Anforderungen an die Verwaltung genügen. Es gibt spezielle Bereiche (z. B. der Planung), die der Verwaltung kraft Gesetzes zur Konkretisierung überwiesen sind. Es kann nicht richtig sein, daß die Rechtsprechung ganze Planungskonzeptionen der Verwaltung durch ihre eigenen Vorstellungen ersetzt[54]. Es müssen verschiedene Ziele miteinander in Übereinstimmung gebracht werden. Ehmke[55] hat dies so formuliert:

> „Ziel der Verwaltungsgerichte muß nicht ein Maximum, sondern ein Optimum an Kontrolle sein, das das Rechtsschutzinteresse des Bürgers mit dem Interesse der Bürger an einer leistungsfähigen Verwaltung in Übereinstimmung bringt."

Das eigentliche Problem ist also nicht in methodischen Fragen begründet, sondern staatsrechtlicher Natur. Es kommt darauf an, Maßstäbe zu finden, nach denen im Einzelfall die Zuständigkeit zur Letztentscheidung beurteilt werden kann.

---

[51] Redeker Anm. zu BVerwG DVBl. 74, 895, 896.

[52] Redeker Anm. zu BVerwG DVBl. 74, 895, 896.

[53] Kellner DöV 72, 801, 807.

[54] Ossenbühl DöV 68, 618, 626; ders. DVBl. 74, 309, 310; Ehmke S. 45 ff.

[55] Ehmke S. 47.

c) *Die Rechtsschutzgarantie des Art. 19 Abs. 4 GG*

Jede von den bisher beschrittenen Wegen abweichende Lösung muß den Anforderungen des Art. 19 Abs. 4 GG gerecht werden. Diese sind vom BVerfG[56] in folgende Formel gefaßt worden:

> „Der durch Art. 19 Abs. 4 GG gewährleistete Rechtsschutz muß die vollständige Nachprüfung des Verwaltungsaktes in rechtlicher und tatsächlicher Hinsicht durch die Gerichte ermöglichen."

Jedoch hat auch diese rechtliche Kontrolle ihre Grenzen. Dies läßt sich z. B. an der Ausformung des § 114 VwGO nachweisen[57]. Ebenso hat das BVerfG im „Abhör-Urteil"[58] Ausnahmen von der herkömmlichen Anschauung über den Verwaltungsrechtsschutz zugelassen. Diese Gedanken sollen nun für das hier interessierende Problem verfügbar gemacht werden.

Aus Literatur und Rechtsprechung lassen sich in dieser Frage Maßstäbe gewinnen. Zu erwähnen ist zunächst die eingangs zitierte Entscheidung des VG Berlin[59], die Entscheidungen der Filmbewertungsstelle betraf. Aus diesem Urteil lassen sich einige Grundsätze ableiten. Soll der Behörde eine Beurteilungsermächtigung zustehen, muß dies aus der Norm selbst hervorgehen. Ist ein solcher Wille nicht festzustellen, spricht eine Vermutung dagegen[60], da dem Bürger der jeweils nach den Umständen umfangreichste Rechtsschutz zur Verfügung stehen muß[61]. Die Unwiederholbarkeit der Prüfungssituation hat allenfalls eine Indizfunktion, entscheidend ist der Wille des Gesetzgebers. Ist eine Beurteilungsermächtigung der Verwaltung zu bejahen, müssen die tatsächlichen Umstände exakt dargelegt werden[62]. Außerdem ist die Entscheidung zu begründen, um dem Gericht eine Nachprüfung darüber zu ermöglichen, ob Denkgesetze verletzt wurden. Ebenso müssen die Prüfungsmaßstäbe dargelegt werden[63].

Es fragt sich jedoch, ob die vom VG Berlin in der zitierten Entscheidung aufgestellten Grundsätze ausreichen, um optimale Verwaltung und wirksamen Rechtsschutz zu gewährleisten. Sicher ist, daß wegen Art. 19 Abs. 4 GG die Tatsachen, die der Entscheidung zugrunde liegen, genau dargelegt werden müssen. Auch ist die Einhaltung der Denkgesetze selbstverständlich.

---

56 BVerfG 15, 275 (LS).
57 VG Berlin DVBl. 74, 375, 377.
58 BVerfG 30, 1 ff.
59 VG Berlin DVBl. 74, 375, 377.
60 Bachof JZ 55, 97, 102.
61 BVerfG 63, 803, 804; BVerwG 35, 68, 74.
62 Kellner NJW 66, 857, 861.
63 BVerwG 35, 197, 204.

Fraglich ist jedoch, ob nur die jeweils angewendeten Prüfungsmaßstäbe angegeben werden müssen, oder ob nicht von vornherein ein bestimmtes Vorgehen verbindlich ist. In diesem Problembereich ist die Arbeit von W. Schmidt[64] angesiedelt. Er meint, daß außerhalb einer exakt durchnormierten Verwaltung, die auf dem „Wenn-Dann-Prinzip" beruhe, letztendlich das Problem der Mittel-Zweck-Relation auftreten müsse. Eine Verwaltung, die nicht als reiner Normvollzug im eben beschriebenen Sinne, sondern als Ablauf von Entscheidungsprozessen ausgestaltet sei, müsse daher auf diesen Gesichtspunkt ihr besonderes Augenmerk richten. Schmidt[65] hält hier die Methode der Verhältnismäßigkeitsprüfung, wie sie besonders im Verwaltungsrecht ausgebildet wurde, für verwendbar. Anlaß für die Entwicklung dieser Theorie war die neuere Rechtsprechung des BVerwG zum Planungsermessen. Hier wurde ausdrücklich darauf hingewiesen, daß im Begriff der Planung das Element der Freiheit enthalten wäre[66]. Außerdem wurde festgestellt, daß planende Tätigkeit, unabhängig von einer gesetzlichen Positivierung, immer eine Abwägung der Interessen der Beteiligten enthalten müßte[67]. Darin liegt eine starke Ähnlichkeit zur Prüfung der Proportionalität einer gesetzlichen Regelung, die bereits oben[68] näher beschrieben wurde. Eine im äußeren Rahmen der Verhältnismäßigkeitsprüfung erscheinende Ermessensausübung würde aus folgenden Elementen mit jeweils unterschiedlicher Nachprüfbarkeit bestehen:

— Die erste Stufe wäre die Festlegung der Ziele. Hier hat die Verwaltung die größte Freiheit. Jede Zielsetzung, die nicht dem geltenden Recht widerspricht, ist, da letztendlich von der Verwaltung politisch zu verantworten, zulässig.

— Die zweite Prüfung bezieht sich auf die Geeignetheit des zur Erreichung des festgelegten Ziels gewählten Mittels. Hier steht der Verwaltung ebenso wie dem Gesetzgeber ein Prognosespielraum zu. Jedes Mittel, das nicht von vornherein als untauglich erscheint, ist daher als geeignet anzusehen.

— Bei der Prüfung der Erforderlichkeit des Mittels haben die Verwaltungsgerichte eine größere Kompetenz. Sie beruht darauf, daß hier eine weniger in die Zukunft reichende Entscheidung der Verwaltung zu kontrollieren ist.

— Der letzte Gesichtspunkt, der schon in der Rechtsprechung des BVerwG anklang, ist die Abwägung der Interessen. Da auch dieser

---

[64] W. Schmidt NJW 75, 1753 ff.

[65] W. Schmidt NJW 75, 1753, 1755.

[66] BVerwG 34, 301, 304; NJW 75, 1373, 1374.

[67] BVerwG NJW 75, 70, 72; 1373, 1375 m. zahlr. Nw. aus der Rspr. des BVerwG.

[68] B II 1 c.

Gesichtspunkt stärker gegenwartsbezogen ist, steht er in gleichem Umfang wie die Erforderlichkeit des Mittels unter dem Vorbehalt der Nachprüfung durch die Verwaltungsgerichte.

Für die Beachtung des Grundsatzes der Verhältnismäßigkeit bei der Kontrolle von Beurteilungen der Verwaltung tritt im übrigen auch Kellner[69] ein. Den vorangegangenen Ausführungen lassen sich einige Maßstäbe dafür entnehmen,

— wann den Verwaltungsgerichten nur eine beschränkte Kontrolle möglich sein soll

— und wie diese durchgeführt werden soll.

Insbesondere ist auf das Urteil des VG Berlin[70] und die Arbeit von W. Schmidt[71] hinzuweisen. Eine Beschränkung der Kontrolldichte ist dann angebracht, wenn dies aus der der Entscheidung zugrunde liegenden Norm selbst hervorgeht oder sich aus der Natur der sie betreffenden Materie (z. B. Planung) ergibt. Hinsichtlich der Darlegung der tatsächlichen Umstände und des Begründungszwanges ergeben sich keine besonderen neuen Anforderungen. Eine Änderung tritt allerdings in bezug auf den Prüfungsmaßstab ein, der nicht mehr gesondert angegeben werden muß, sondern in Gestalt der Verhältnismäßigkeitsprüfung bereits feststeht. Dies ermöglicht der Verwaltung eine optimale Tätigkeit zugunsten des Bürgers, ohne seinen Rechtsschutz zu gefährden. Der Aufgabenverteilung zwischen den Gewalten wird damit besser entsprochen. Von der Beurteilungspraxis der Behörden abweichende Entscheidungen können von den Gerichten unter dem Gesichtspunkt einer Verletzung des Gleichheitsgebotes geprüft werden. Eine Prüfungsmöglichkeit durch die Verwaltungsgerichtsbarkeit wird damit weiterhin in einem Umfang, der die Effektivität des Rechtsschutzes nicht ausschließt, gewährleistet[72]. Ein solches Vorgehen verdient bei einer Gesamtabwägung den Vorrang vor der bisher herrschenden Ansicht.

IV. Unbestimmte Rechtsbegriffe in anderen Rechtsmaterien

Das Problem der Ausfüllung unbestimmter Rechtsbegriffe und die Frage der Nachprüfbarkeit durch die Gerichte treten auch außerhalb des Verwaltungsrechts auf.

---

[69] Kellner DöV 72, 801, 808 will ihn jedoch nur im Rahmen der Faktorenlehre anwenden.

[70] VG Berlin DVBl. 74, 375 ff.

[71] W. Schmidt NJW 75, 1753 ff.

[72] Vgl. W. Schmidt NJW 75, 1753, 1758.

1. Zivilrecht

Der gerade im verwaltungsrechtlichen Bereich dargestellten Situation entsprechende Fälle gibt es auch im Zivilrecht.

Als Beispiel zu nennen ist die Ausfüllung des Begriffes der „Billigkeit“ in § 287 ZPO. Dem Tatsachenrichter obliegt die vom Revisionsgericht nur beschränkt nachprüfbare Festlegung der Höhe einer Entschädigung nach § 847 BGB. Der Kontrolle des Revisionsgerichts unterliegt nicht die Höhe der Entschädigungssumme, sondern die Methode ihrer Festlegung. Entscheidend ist, ob die vom Tatsachengericht dargelegten Maßstäbe einer Prüfung standhalten[73]. Der Tatsachenrichter hat alle Umstände des Einzelfalls zu berücksichtigen[74]. Art und Dauer des erlittenen Schadens sind in eine angemessene Relation zur Höhe des Schmerzensgeldes zu setzen[75]. In ihrer konkreten Ausgestaltung entspricht die Festlegung der Höhe des Schmerzensgeldes einer Verhältnismäßigkeitsprüfung. Mit dessen Gewährung werden zwei Ziele verfolgt. Es hat sowohl eine Ausgleichs- als auch eine Genugtuungsfunktion. Bei seiner Festlegung kommen der Gedanke der Erforderlichkeit und der der Proportionalität zur Anwendung. Einerseits soll die Summe so bemessen sein, daß sie einen angemessenen Ausgleich für die erlittenen Schmerzen und sonstigen Beeinträchtigungen darstellt, andererseits soll der Schädiger nicht durch eine überhöhte Schmerzensgeldfestsetzung in schwere und nachhaltige Not gebracht werden[76]. Dieses Vorgehen zeigt ganz deutlich Elemente der Verhältnismäßigkeitsprüfung.

2. Sozialversicherungsrecht

Das Problem der Kontrolle der Ausfüllung unbestimmter Rechtsbegriffe gibt es auch im Sozialversicherungsrecht. Hier wird hinsichtlich des Maßes der Krankenversorgung ganz deutlich auf die Erforderlichkeit abgestellt (vgl. §§ 182, 193 Ziff. 2 RVO). Die Ausfüllung dieses unbestimmten Rechtsbegriffes durch die Verwaltung prüfen die Gerichte vollinhaltlich nach[77].

3. Arbeitsrecht

Das Problem der Ausfüllung unbestimmter Rechtsbegriffe und deren eingeschränkter Nachprüfbarkeit ist auch im Arbeitsrecht bekannt.

---

[73] RG JW 15, 89, 90; BGH NJW 53, 1626.

[74] BGH Gr. Ziv. Sen. 18, 149.

[75] Palandt-Thomas § 847 Rdnr. 4 a; Soergel/Mühl/Zeuner § 847 Rdnr. 21; hins. der Einzelheiten vgl. die umf. Ausführungen des Gr. Ziv. Sen. BGHZ 18, 149, 154 und 147 ff.

[76] BGHZ 18, 149, 159.

[77] Vgl. Aye/Brockhoff/Göbelmann/Schieckel/Schroeter § 182 Rdnr. 12.

a) § 626 BGB

Der „wichtige Grund“ in § 626 BGB ist ein unbestimmter Rechtsbegriff, dessen Vorliegen allerdings nicht der Arbeitgeber, sondern das ArbG feststellt. Das dabei anzuwendende Verfahren entspricht einer Proportionalitätsprüfung, da der Richter untersucht, ob die Weiterbeschäftigung des Arbeitnehmers bis zum nächstzulässigen Kündigungstermin dem Arbeitgeber unter Abwägung der beiderseitigen Interessen zuzumuten ist.

b) § 103 BetrVG 72

Ein ähnliches Problem tritt dann auf, wenn der Betriebsrat seine Zustimmung zur außerordentlichen Kündigung eines seiner Mitglieder erteilen soll. Lehnt der Betriebsrat dies ab, kann der Arbeitgeber die Ersetzung der Zustimmung des Betriebsrates durch das ArbG beantragen. Dabei prüft das Gericht selbst nach, ob ein „wichtiger Grund“ vorliegt[78]. Eine mögliche Ermessensüberschreitung des Betriebsrats wird nicht untersucht, wobei dahinstehen kann, ob § 103 BetrVG 72 ein Ermessen[79] oder ein Mitbeurteilungsrecht[80] gewährt.

c) Das Ermessen der Einigungsstelle

Gemäß § 76 Abs. 5 BetrVG 72 faßt die Einigungsstelle ihre Beschlüsse unter angemessener Berücksichtigung der Belange des Betriebes und der betroffenen Arbeitnehmer *nach billigem Ermessen.*

Hinter dieser Formulierung verbirgt sich die Gesamtheit der hier interessierenden Probleme. Behandelt werden hier die Ausfüllung unbestimmter Rechtsbegriffe, Ermessensausübung und deren gerichtliche Nachprüfbarkeit. Die Einigungsstelle entscheidet sowohl in Rechts- als auch in Regelungsstreitigkeiten[81]. Es gibt Fälle, in denen eine Rechts- mit einer Regelungsentscheidung verbunden ist. Dies ist z. B. dann der Fall, wenn der Arbeitgeber die Einigungsstelle anruft, weil der Betriebsrat bei der Festlegung der Teilnahme an einer Schulungs- und Bildungsveranstaltung die betrieblichen Notwendigkeiten nicht ausreichend berücksichtigt hat (§ 37 Abs. 6 BetrVG 72). Hinsichtlich der Berücksichtigung der betrieblichen Notwendigkeiten trifft die Einigungsstelle eine Rechtsentscheidung. Kommt sie zu dem Ergebnis, daß der Betriebsrat betriebliche Notwendigkeiten nicht ausreichend berücksichtigt hat, muß die Einigungsstelle selbst entscheiden, also eine Regelung treffen[82]. Entscheidungen über Rechtsfragen sind im arbeits-

[78] D/R § 103 Rdnr. 23.
[79] Etzel Bl. St. Soz. Arb. R. 72, 86, 88.
[80] D/R § 103 Rdnr. 10.
[81] D/R § 76 Rdnr. 79 f.; F/A/K § 76 Rdnr. 31.
[82] D/R § 76 Rdnr. 53; Dütz DB 71, 674, 675; ders. DB 72, 383, 386.

gerichtlichen Beschlußverfahren voll nachprüfbar[83]. Entscheidungen der Einigungsstelle fallen in einem außergerichtlichen Vorverfahren, das nicht abschließend ist, sondern unter dem Vorbehalt des vollen gerichtlichen Rechtsschutzes steht[84]. Soweit die Entscheidung der Einigungsstelle über eine Rechtsfrage von der Ausfüllung eines unbestimmten Rechtsbegriffes abhängig ist, steht ihr ein Beurteilungsspielraum zu[85]. Umstritten sind der Umfang und die rechtliche Einordnung der gerichtlichen Nachprüfung von Regelungsentscheidungen. Nach Ansicht von G. Müller[86] haben die Gerichte in Arbeitssachen, gleichgültig, ob das „billige Ermessen" in § 76 Abs. 5 BetrVG 72 dem in den §§ 315 ff. BGB entspricht oder nicht, schlechthin möglichst sachnah zu entscheiden. Daraus folgert er die Möglichkeit der ArbG nachzuprüfen, ob bei einer konkreten Entscheidung die betrieblichen Belange angemessen berücksichtigt wurden. Das „billige Ermessen" in § 76 Abs. 5 BetrVG 72 hänge nicht im luftleeren Raum.

Nach einer anderen Meinung[87] kann auf die Vorschriften des BGB und den dort verwendeten Begriff des „billigen Ermessens" nicht zurückgegriffen werden. Es handelt sich danach um einen besonderen betriebsverfassungsrechtlichen Begriff des „billigen Ermessens". Gemeint sei ein Ermessensrahmen, der dem Betriebsrat und Arbeitgeber zustehenden Gestaltungsspielraum entspreche. Das ArbG könne nur nachprüfen, ob der so umrissene Ermessensspielraum überschritten oder das gefundene Ergebnis offenbar unbillig sei. Die zweite Ansicht deckt sich im Ergebnis mit der überwiegenden Ansicht in der Literatur. Diese geht davon aus, daß das ArbG nachprüfen kann, ob die Grenzen des Ermessens überschritten wurden und ggf. die getroffene Entscheidung aufheben muß. Eine eigene Entscheidung kann das Gericht in diesen Fällen nicht treffen[88].

Gegen eine Entsprechung des im BGB verwendeten Billigkeitsbegriffes (z. B. in §§ 315, 317 Abs. 1, 660 Abs. 1, 2048 BGB) mit dem in § 76 Abs. 5 BetrVG 72 sprechen die unterschiedlichen tatbestandlichen Voraussetzungen der Vorschriften. Eine Leistungsbestimmung durch einen Dritten gemäß § 317 BGB setzt voraus, daß zwischen den Parteien bereits eine vertragliche Bindung besteht. Außerdem muß die Leistung der einen Partei bereits verbindlich bestimmt sein. Diese Voraussetzungen liegen jedoch bei der Einigungsstelle nicht vor. Weder besteht eine

---

83 E/J/K § 76 Rdnr. 17; D/R § 76 Rdnr. 79; F/A/K § 76 Rdnr. 31.

84 GK-Thiele § 76 Rdnr. 104.

85 D/R § 76 Rdnr. 79.

86 G. Müller DB 73, 76, 77.

87 Gnade AuR 73, 43, 46.

88 E/J/K § 76 Rdnr. 19; D/R § 76 Rdnr. 80; F/A/K § 76 Rdnr. 32; GK-Thiele § 76 Rdnr. 106; Dütz DB 72, 383, 389.

vertragliche Beziehung zwischen Betriebsrat und Arbeitgeber, noch ist die Leistung des einen Beteiligten bereits verbindlich festgelegt. § 76 Abs. 5 BetrVG 72 fordert darüber hinaus nicht nur die Beachtung des billigen Ermessens, sondern auch die der Belange der betroffenen Arbeitnehmer. Die Materialien des Gesetzes[89] lassen die Absicht des Gesetzgebers erkennen, einen gerichtlich nachprüfbaren Ermessensrahmen zu schaffen, der der Einigungsstelle eine Gestaltungsmöglichkeit gewähren sollte. Dies folgt auch aus der Formulierung des § 76 Abs. 5 Satz 4 BetrVG 72, in dem von einer Überschreitung des Ermessens gesprochen wird. Weder sollte wie im bürgerlichen Recht durch Bezugnahme auf das „billige Ermessen" nur eine Möglichkeit als rechtmäßig anzusehen sein, noch sollte durch den in § 319 BGB vorgesehenen Maßstab der offenbaren Unbilligkeit der Gerichtsschutz verkürzt werden. Auch andere Kommentatoren sehen diese Parallele zum Verwaltungsrecht. Fitting/Auffarth/Kaiser[90] halten das „billige Ermessen" noch für einen Ermessensbegriff, keinen der weitergehenden gerichtlichen Kontrolle unterliegenden Rechtsbegriff. Ebenso wie diese hebt auch Thiele[91] die Entscheidung des Gemeinsamen Senats der obersten Gerichtshöfe des Bundes zu § 131 AO, die bereits oben[92] erwähnt wurde, hervor. Auf eine nähere Untersuchung wird jedoch ausdrücklich verzichtet[93]. Diese Problematik greift dagegen Dütz[94], der wegen der deutlichen Parallele zum Verwaltungsrecht einen eigenen betriebsverfassungsrechtlichen Billigkeitsbegriff ablehnt, auf. Er weist auf die Gefahr hin, daß die Gerichte über das zulässige Maß hinaus auch inhaltliche Entscheidungen treffen könnten und drückt dabei die Hoffnung aus, daß die ArbG bei der Handhabung dieser Vorschrift die angemessene Zurückhaltung üben werden.

Die Lage im Betriebsverfassungsrecht entspricht also im Hinblick auf den Meinungsstand zur gerichtlichen Ermessenskontrolle der im Verwaltungsrecht. Es bietet sich an, gemeinsame Lösungen zu entwickeln.

d) Das Ermessen der Einigungsstelle bei der Aufstellung eines Sozialplans

Gemäß § 112 Abs. 4 BetrVG 72 entscheidet die Einigungsstelle verbindlich über die Aufstellung eines Sozialplans, wenn eine Einigung darüber zwischen Arbeitgeber und Betriebsrat nicht zustande gekom-

---

[89] Vgl. den schriftlichen Bericht des BT-Ausschusses für Arbeit und Sozialordnung zu BT-Drucksache VI/2729, S. 10, 28 zu § 76.

[90] F/A/K § 76 Rdnr. 32.

[91] GK-Thiele § 76 Rdnr. 110.

[92] s. o. C II.

[93] GK-Thiele § 76 Rdnr. 111.

[94] Dütz AuR 73, 353, 367.

men ist. Dabei hat die Einigungsstelle sowohl die sozialen Belange der Arbeitnehmer als auch die wirtschaftliche Vertretbarkeit der Entscheidung für den Betrieb zu beachten. Für das Tätigwerden der Einigungsstelle ist § 76 Abs. 5 BetrVG 72 maßgeblich. Insbesondere sind die Einschränkungen der Sätze 3 und 4 zu berücksichtigen. Eine Überschreitung des Ermessens kann, wie in § 76 Abs. 5 BetrVG 72 vorgesehen, nur in einer Frist von 14 Tagen im arbeitsgerichtlichen Beschlußverfahren geltend gemacht werden. Umstritten ist, ob die in § 112 Abs. 4 erfolgte Hervorhebung der zu beachtenden Interessen über die Voraussetzungen des § 76 Abs. 5 BetrVG 72 hinausgehende Ermessensgrenzen aufstellt. Nach einer Ansicht[95] handelt es sich bei den tatbestandlichen Voraussetzungen des § 112 Abs. 4 BetrVG 72 um besondere Rechtsgrenzen für die Ausübung des Ermessens. Sie seien als unbestimmte Rechtsbegriffe anzusehen. Fitting/Auffarth/Kaiser[96] scheinen der Einigungsstelle bei der Ausfüllung dieser unbestimmten Rechtsbegriffe einen Beurteilungsspielraum gewähren zu wollen. Innerhalb der Grenzen, die durch die Auslegung der unbestimmten Rechtsbegriffe markiert sind, soll dann ein Ermessensspielraum bestehen[97]. Nach wohl überwiegender Ansicht[98] entsprechen die Tatbestandsvoraussetzungen des § 112 Abs. 4 BetrVG 72 im Grunde denen des § 76 Abs. 5 BetrVG 72. Im Verfahren nach § 112 Abs. 4 soll daher § 76 Abs. 5 Sätze 3 und 4 BetrVG 72 Anwendung finden. Ein sachlicher Unterschied zu der Ansicht, die von der Existenz unbestimmter Rechtsbegriffe in § 112 Abs. 4 BetrVG 72 ausgeht, tritt de facto nicht auf, da die Vertreter dieser Meinung selbst nicht glauben, daß ihre Unterscheidung justiziabel sein könne[99]. Hinsichtlich des Verfahrens, nach dem die Überschreitung der Ermessensgrenzen durch die Einigungsstelle geprüft wird, empfiehlt Thiele[100] eine Orientierung an § 114 VwGO. Auch in diesem Bereich findet sich also eine Parallele zum Verwaltungsrecht.

e) Die Eingruppierung nach §§ 22, 23 BAT

Ein Bereich, in dem es im wesentlichen um die Unterscheidung von unbestimmtem Rechtsbegriff, Ermessensausübung und gerichtlicher Kontrolle geht, ist auch die Eingruppierung nach dem BAT (früher TOA). Das RAG hat in ständiger Rechtsprechung[101] entschieden, daß die

---

[95] E/J/K § 112 Rdnr. 15; Dütz DB 71, 723.

[96] F/A/K § 112 Rdnr. 16 i. V. m. § 76 Rdnr. 33.

[97] F/A/K § 112 Rdnr. 14 a.

[98] D/R § 112 Rdnr. 74; Arbeitsring Chemie § 112 Rdnr. 3; Matthes DB 72, 286, 290.

[99] E/J/K § 112 Rdnr. 15; Dütz DB 71, 723.

[100] GK-Thiele § 112 Rdnr. 95.

[101] RAG ARS 39, 419, 424 f.; 425, 426; 46, 203, 204; 47, 13, 16.

Eingruppierung eines Angestellten in eine bestimmte Tarifgruppe im gerichtlich nicht nachprüfbaren Ermessen des Arbeitgebers stünde. Dies erfordere die „in neuerer Zeit" stärker hervortretende Beachtung der öffentlichen Belange. Die Vertreter der Behörden besäßen auch eine größere Sachkenntnis als die mit einer solchen Entscheidung regelmäßig überforderten Richter. Da ihnen ihr öffentliches Amt die Verpflichtung zur Unparteilichkeit auferlege, könne den Behördenvertretern auch ohne die Möglichkeit der Nachprüfung durch die Gerichte diese Aufgabe auferlegt werden. Bei einem Fehler stünde den Betroffenen der Verwaltungsweg offen. In Ausnahmefällen könne ein Schadensersatzanspruch wegen Verstoßes gegen die guten Sitten in Betracht kommen (§ 826 BGB), mit dem die Gehaltsdifferenz verlangt werden könne. Eine Verletzung der Fürsorgepflicht kam aber nur unter der äußerst einschränkenden Bedingung in Betracht, daß das Verbleiben eines Angestellten in einer bestimmten Tarifgruppe dem Sinn der Vorschrift schlechterdings nicht entsprechen konnte (§ 3 Abs. 2 Satz 3 TOA). Insoweit trat der Grundsatz der Leistungsentlohnung zurück[102]. In seiner Entscheidung vom 21. 12. 49[103] wandte sich das LAG Hamburg gegen die Auffassung des RAG. Eine Ersteinreihung bzw. eine Einreihung nach inzwischen bestandener Prüfung gemäß § 3 TOA sei durch die Gerichte nachprüfbar. Ausnahmsweise könnte in bestimmten Fällen die Ausübung des billigen Ermessens durch den Arbeitgeber in Betracht kommen. Der Grund dafür lag nach Ansicht des LAG darin, daß die Einstufung kein Verwaltungsakt, sondern eine privatrechtliche Willenserklärung sei, die unter dem Vorbehalt des § 315 BGB stehe. Darüber hinaus sei eine Rechtswegbeschränkung nicht hinzunehmen. Neumann-Duesberg[104] hält diese Entscheidung im Ergebnis für richtig, meint jedoch, sie müsse überzeugender begründet werden. Sein tragendes Argument kommt aus § 3 Abs. 1 TOA, der den Grundsatz der Leistungsentlohnung normiert. Wenn der Begriff der „Maßgeblichkeit" in § 3 Abs. 2 Satz 2 TOA die Nachprüfbarkeit der Einstufung durch das ArbG ausschließen sollte, fiele die Grundlage für eine richtige (= leistungsgemäße) Entlohnung gemäß § 3 Abs. 1 TOA weg. Der Leistungsgrundsatz wäre durch den Grundsatz der Maßgeblichkeit aufgehoben. Nach Ansicht des BAG[105] unterliegt die Eingruppierung in die Vergütungsgruppen des BAT der gerichtlichen Kontrolle. Es bezieht sich bei der Begründung dieser Entscheidung im wesentlichen auf die Ausführungen Neumann-Duesbergs[106]. Die Tätigkeitsmerkmale der weitaus

---

[102] RAG ARS 47, 13, 16.
[103] LAG Hamburg AP 50 Nr. 253.
[104] Neumann-Duesberg Anm. zu LAG Hamburg AP 50 Nr. 253.
[105] BAG 4 AZR 79/70 v. 9. 12. 70 = AP Nr. 35 zu §§ 22, 23 BAT.
[106] Neumann-Duesberg Anm. zu LAG Hamburg AP 50 Nr. 253.

meisten Vergütungsgruppen sind danach unbestimmte Rechtsbegriffe[107]. In der Revisionsinstanz kann allerdings nur noch nachgeprüft werden, ob der Rechtsbegriff selbst verkannt, bei der Subsumtion des Sachverhalts unter die Tarifnorm ein Denkgesetz oder ein Erfahrungssatz verletzt worden oder die Bewertung wegen Außerachtlassung wesentlicher Umstände offensichtlich fehlerhaft ist. Das LAG Hamburg[108] hatte angedeutet, daß in bestimmten Fällen die Ausübung billigen Ermessens durch die Behörde in Betracht käme. Auch nach Ansicht des BAG[109] besteht theoretisch die Möglichkeit einer Ermessensausübung. Von vornherein sei nicht ausgeschlossen, daß Leistungen in einem bestimmten Umfang nach dem Ermessen einer der tarifunterworfenen Parteien bestimmt werden könnten. In der Praxis sind solche Tätigkeitsmerkmale, die Ermessensvorstellungen beinhalten, jedoch nicht bekannt geworden. Es ist ganz im Gegenteil eine restriktive Haltung der Gerichte zu beobachten[110]. Auch hier kommt eine, wenn auch nur beschränkte, Nachprüfbarkeit von Ermessensentscheidungen in Betracht, für die geeignete Maßstäbe jedoch fehlen.

f) Das Ermessen des Betriebsrats bei der Entsendung von Mitgliedern zu Schulungskursen

Neben der Ausfüllung des Begriffes der Erforderlichkeit der Teilnahme an einem Schulungskurs ergibt sich auch das Problem, in welchem Umfang zum einen die Tatsachengerichte die Entscheidung des Betriebsrats, zum anderen das BAG die der Tatsachengerichte nachprüfen können (bzw. kann). Auch diese Frage war lange Zeit heiß umstritten.

Erste Ansätze, die Auskunft über die Erforderlichkeit der Arbeitsversäumnis geben können, finden sich in der Rechtsprechung des RAG zum BRG 1920. Dort wurde in ständiger Rechtsprechung[111] die Auffassung vertreten, es dürfte nur geprüft werden, ob der Betriebsrat bei sorgfältiger Abwägung der gegenseitigen Interessen und aller Umstände des Einzelfalls die Versäumnis der Arbeitszeit für erforderlich halten durfte. Zum BetrVG 52 wurde vereinzelt die Ansicht geäußert, dies sei nur dann zulässig, wenn es sich auch nachträglich als erforderlich erweisen sollte[112]. Durch eine solche Einschränkung würde jedoch jedes verantwortungsfreudige Handeln des Betriebsrats unterbunden[113].

---

[107] BAG AP Nr. 35 zu §§ 22, 23 BAT hier: 1. Fallgruppe der Vergütungsgr. Vb-III BAT.

[108] LAG Hamburg AP 50 Nr. 253.

[109] BAG AP Nr. 1, 4, 5, 6 zu § 3 TOA.

[110] Crisolli/Tiedtke I § 22 BAT Eingruppierung Rdnr. 10.

[111] RAG ARS 2, 250, 254; 9, 334, 339; 10, 497, 498; 15, 492, 498.

[112] Erdmann § 37 Rdnr. 4.

Da die Interessen aller Beteiligten, des Betriebes auf der einen, des Betriebsrats und der Belegschaft auf der anderen Seite gewährleistet werden sollen, ist es andererseits auch nicht möglich, die Erforderlichkeit der Arbeitszeitversäumnisse allein in das subjektive Ermessen des Betriebsrats zu stellen[114]. Dieselbe Gefahr bestünde, wollte man es ausreichen lassen, daß die Entscheidung des Betriebsrats lediglich vertretbar[115] oder er gutgläubig sein müsse[116]. Die herrschende Meinung hat sich daher wieder an die Rechtsprechung des RAG angenähert. In der Literatur[117] hat sich die Ansicht durchgesetzt, eine Arbeitszeitversäumnis sei dann als erforderlich anzusehen, wenn das Betriebsratsmitglied dies bei gewissenhafter Überlegung und ruhiger, vernünftiger Abwägung aller Umstände für notwendig halten durfte. Umstritten ist jedoch, ob das konkrete Betriebsratsmitglied oder ein sorgfältig amtierendes Durchschnittsbetriebsratsmitglied die Beurteilung vornehmen sollte[118]. Die herrschende Meinung in der Rechtsprechung und ein anderer Teil der Literatur[119] verlangen dagegen, daß ein vernünftiger Dritter aus sachlichen Gründen zur Zeit des Notwendigwerdens einer Entscheidung die Auffassung haben konnte, daß Arbeitszeit versäumt werden müßte. In einer Reihe von Entscheidungen hat das BAG seine Auffassung vom Begriff der Erforderlichkeit dargelegt. Danach handelt es sich dabei um einen unbestimmten Rechtsbegriff, bei dessen Auslegung sowohl dem Betriebsrat als auch dem Tatsachengericht ein gewisser Beurteilungsspielraum zusteht[120]. Dabei hat der Betriebsrat nicht von seinem rein subjektiven Ermessen auszugehen, sondern sich auf den Standpunkt eines vernünftigen Dritten zu stellen, der die Interessen des Betriebs einerseits, des Betriebsrats und der Arbeitnehmer andererseits gegeneinander abwägt. Dem Tatsachengericht steht die Prüfung zu, ob ein Dritter die Arbeitsversäumnis für erforderlich halten

---

[113] F/A/K § 37 Rdnr. 22 a; D/R § 37 Rdnr. 23; Stege/Weinspach 1. A. S. 155; Bleistein Rdnr. 153.

[114] BAG AP Nr. 4, 7, 8 zu § 37 BetrVG; Stege/Weinspach 1. A. S. 154; F/A/K § 37 Rdnr. 22 a.

[115] BAG 1 ABR 7/64 v. 13. 11. 64 = AP Nr. 9 zu § 37 BetrVG; E/J/K § 37 Rdnr. 12; Dietz § 37 Rdnr. 9, 9 a.

[116] LAG Freiburg 1 Sa 71/54 v. 17. 5. 54 = AP Nr. 3 zu § 37 BetrVG; LAG Düsseldorf BB 54, 1061; Neumann-Duesberg RdA 62, 289, 291.

[117] F/A/K § 37 Rdnr. 22 a; H/N II/2 S. 1162 f.; D/R § 37 Rdnr. 23; Brecht § 37 Rdnr. 5; Sahmer § 37 Rdnr. 6; Galperin/Siebert (1952) § 37 Rdnr. 15; Nikisch III S. 158; Häussler S. 47; Rick BetrV 56, 33, 35; ebenso LAG Freiburg o. Fn. 116.

[118] Neumann-Duesberg RdA 62, 289, 293.

[119] BAG 1 AZR 488/60 v. 6. 7. 62 = AP Nr. 7 zu § 37 BetrVG; Stege/Weinspach 1. A. S. 155; GK-Wiese § 37 Rdnr. 11; E/J/K § 37 Rdnr. 12; Neumann-Duesberg § 24 VIII; Bleistein Rdnr. 154 unter Hinweis auf den Grundsatz der Verhältnismäßigkeit.

[120] BAG 1 ABR 6/73 v. 9. 10. 73; 1 ABR 38/73 v. 11. 12. 73; 1 ABR 46/73 v. 5. 2. 74.

durfte[121]. Hinsichtlich der Kontrolle in der Revisionsinstanz führte das BAG aus[122]:

> „Der dem Tatsachenrichter bei der Prüfung der Frage, ob der Betriebsrat die Entsendung eines Betriebsratsmitglieds für erforderlich halten durfte, zustehende Beurteilungsspielraum ist im Rechtsbeschwerdeverfahren nur beschränkt dahin überprüfbar, ob der unbestimmte Rechtsbegriff als solcher verkannt oder allgemeine Auslegungs- oder Erfahrungssätze verletzt, gegen die Gesetze der Logik verstoßen oder wesentliche Umstände außer Acht gelassen worden sind."

Die eigentliche Entscheidung über die Erforderlichkeit der Teilnahme fällt also bereits der Tatsachenrichter, der nicht verpflichtet ist, bei der Prüfung einen allgemein anerkannten, wissenschaftlichen Ansprüchen genügenden Maßstab anzulegen. Um eine wirksame Kontrolle dieser Entscheidungen durch das BAG zu garantieren, bedarf es einer Konkretisierung des Inhalts des Begriffes der Erforderlichkeit.

---

121 BAG 1 ABR 75/73 v. 8. 10. 74.

122 BAG 1 ABR 46/73 v. 5. 2. 74.

D. Das für eine sachgerechte Entscheidung erforderliche Tatsachenwissen

I. Das Verhältnis von Rechts- und Sozialwissenschaften

1. Rechtsdogmatische Betrachtung

Bereits in der Einleitung wurde problematisiert, daß die Beschlüsse der ArbG, die sich mit der Erstattung von Schulungskosten befassen, nicht auf einer ausreichenden Basis von Tatsachenwissen erfolgen. Den Betriebsräten, bzw. den Richtern der Tatsacheninstanz, steht hinsichtlich der Erforderlichkeit der Teilnahme an einer Schulungsveranstaltung ein Beurteilungsspielraum zu. Eine sachgerechte Ausfüllung dieses Spielraums kann jedoch nur dann erfolgen, wenn die tatsächlichen Voraussetzungen des zu beurteilenden Vorgangs bekannt sind. In den hier interessierenden Fällen geht es darum, daß das einzelne Betriebsratsmitglied einen Anspruch auf die Vermittlung solcher Kenntnisse hat, die es zur Bewältigung der vor ihm stehenden betrieblichen Probleme benötigt. Die Dauer einer Schulung, die dies erreichen soll, ist jedoch nicht zuletzt davon abhängig, daß der Teilnehmer über ausreichende innere Voraussetzungen für die erfolgreiche Absolvierung eines solchen Kurses verfügt. Über diese inneren Lernbedingungen besteht in der juristischen Literatur bislang jedoch völlige Unklarheit.

Um den ihm zur Verfügung stehenden Beurteilungsspielraum angemessen ausfüllen zu können, muß der Tatsachenrichter sich Kenntnis von diesen Voraussetzungen verschaffen. Dies gilt sowohl für abstraktes Wissen auf diesem Gebiet als auch darüber hinaus für die subjektiven Voraussetzungen des einzelnen Betriebsratsmitglieds. Der Richter benötigt daher Kenntnisse über den allgemeinen Ablauf eines Lernprozesses, über die besonderen Bedingungen des Erwachsenenlernens und die mit einem nicht ausreichenden Lernstil verbundenen Schwierigkeiten beim Wissenserwerb. Diese allgemeinen Voraussetzungen müssen dann in der Person des teilnehmenden Betriebsratsmitglieds konkretisiert werden. Erst bei einer solchen Vorgehensweise ist eine sachgerechte Beurteilung zu erwarten. Voraussetzung dieser Art von Problemerfassung und -lösung ist der Rückgriff auf Ergebnisse der sozialwissenschaftlichen Forschung. Aus rechtsdogmatischer Sicht steht der

Verwendung solcher Erkenntnisse nicht nur nichts entgegen, sondern es ist sogar darauf zu bestehen.

2. Die Art der Verbindung von Rechts- und Sozialwissenschaften

Da nun feststeht, daß die Erkenntnis der sozialwissenschaftlichen Forschung Grundlage einer juristischen Entscheidung sein sollen, stellt sich die Frage, wie dies geschehen soll. Es sind verschiedene Modelle vorstellbar und auch schon vorgeschlagen worden.

Diese Frage wurde zunächst im Zusammenhang mit der Juristenaus- und -fortbildung diskutiert[1]. Dabei lassen sich eine Reihe verschiedener Ansichten unterscheiden. Grundsätzlich gibt es drei verschiedene Meinungen. Die erste Ansicht geht grundsätzlich vom Fortbestehen der bisherigen formellen Wissenschaftsbereiche aus. So soll z. B. innerhalb der Rechtswissenschaft empirisch geforscht werden[2]. Nach anderer Ansicht sollen sozialwissenschaftlich ausgebildete Richter auf Grund empirischer Untersuchungen gebildete Theorien in den Entscheidungsprozeß einbeziehen[3]. Ebenfalls zu den grundsätzlichen Befürwortern des bisherigen Wissenschaftsaufbaus gehören diejenigen, die eine Verwertung sozialwissenschaftlicher Erkenntnisse im Rahmen juristischer Entscheidungsprozesse befürworten[4]. Die Naturwissenschaften werden als Steinbrüche angesehen, aus denen man sich Material für den eigenen Bau besorgt[5]. Dabei werden vor allem die Generalklauseln und unbestimmten Rechtsbegriffe als Einbruchsstellen der Sozialwissenschaften in die Rechtswissenschaften angesehen[6]. Dieser Argumentation steht auch Geiger[7] nahe, der die Aufgaben der Rechtssoziologie jedoch nicht allein darauf beschränkt sehen möchte. Völlig anderer Ansicht ist Rottleuthner[8], der die bisherige Einteilung für überholt und als den sich der Forschung heute stellenden Aufgaben nicht mehr genügend ansieht. Er hält daher die Aufgabe der Eigenständigkeit der Rechtswissenschaft für erforderlich. Zwischen diesen Extremen steht Reich[9], der einen bewußt interdisziplinären Forschungsansatz fordert, der jedoch nicht zur Aufgabe der Eigenständigkeit der beteiligten Wissenschaftsbereiche führen soll.

---

1 Wassermann DRiZ 63, 80 82; ders. RRG S. 39; Dammann und Winter JZ 70, 679 f.; Opp S. 224 ff.; Peters II S. 332.

2 Ostermeyer DRiZ 69, 9, 11.

3 Girtler S. 21.

4 Opp S. 117; Naucke S. 43; Peters III S. 18; Rehbinder S. 11; Lautmann S. 43; Raiser JZ 70, 665, 666.

5 Naucke S. 12.

6 Opp; Peters III; Lautmann; Raiser alle wie Fn. 4; Naucke S. 43.

7 Geiger S. 22.

8 Rottleuthner S. 9.

9 Reich JuS 74, 269, 272.

Angesichts der Vielfalt der vertretenen Meinungen fällt es schwer, sich sofort für eine Vorgehensweise zu entscheiden. Ebenso problematisch ist die Frage, in welcher Reihenfolge die Theorien zu prüfen sind. Da es sich hier um eine rechtswissenschaftliche Arbeit handelt, sollten zunächst die in diesem Rahmen bestehenden Möglichkeiten geprüft werden. Auch aus wissenschaftstheoretischer Sicht ist dieses Vorgehen zu empfehlen. Der erste Schritt beim Aufstellen neuer Theorien ist die Falsifizierung der bisher vertretenen Modelle, an die sich dann der eigene Lösungsvorschlag anschließt.

Es ist daher zu prüfen, ob im Rahmen der heute bestehenden Möglichkeiten eine angemessene Berücksichtigung sozialwissenschaftlicher Erkenntnisse im juristischen Entscheidungsprozeß durchführbar ist. Auf eine solche grundsätzliche Möglichkeit weist Naucke[10] hin. Er erinnert an die umfangreichen Kommentierungen zu § 244 StPO und meint, die Gerichte sollten öfter ihren Sachverstand verneinen. In der Tat hat der BGH[11] ausgeführt, daß bei schwierigen Beweisfragen die eigene Sachkunde des Gerichts dargelegt werden müsse. Im Bereich des möglichen Einflusses von Affektzuständen dürfte sich das Gericht nur beschränkt Sachverstand zutrauen[12]. Diesen Satz wird man dahingehend verallgemeinern können, daß die Gerichte sich im gesamten Bereich des Ablaufs innerer Vorgänge keine Sachkunde zutrauen dürfen. Eine ähnliche Einschätzung findet sich in der einschlägigen Kommentierung der ZPO. Danach soll sich das Gericht nur dann Sachverstand zutrauen, wenn es das fragliche Wissenschaftsgebiet auch wirklich beherrscht[13]. Die Nichteinholung eines Gutachtens in solchen Fällen kann einen Verfahrensverstoß darstellen[14]. Bei der Erstattung von Schulungskosten handelt es sich um eine Materie des Arbeitsrechts. Anzuwenden ist daher das ArbGG. Nach Auffarth/Schönherr[15] liegt die Herbeiziehung eines Sachverständigen im pflichtgemäßen Ermessen des Gerichts. Der so kommentierte § 58 Abs. 3 ArbGG gilt über § 83 Abs. 3 ArbbG auch im Beschlußverfahren. Dies ist für die Erstattung von Schulungskosten die richtige Verfahrensart[16]. Auch hier bestünde also grundsätzlich die Möglichkeit, in der von Naucke vorgeschlagenen Weise zu verfahren. Allerdings sollte nicht unerwähnt bleiben, daß er selbst Zweifel an der Realisierbarkeit seines Vorschlags hegt, da bei einem möglichen Unterliegen im Prozeß den ohnehin finanziell Schwä-

[10] Naucke S. 46.

[11] BGH St 12, 18, 20.

[12] BGH St NJW 59, 2315, 2316.

[13] B/L/A/H Übers vor § 402 2 B; Lent/Jauernig S. 166.

[14] BGH Z 64, 86, 100.

[15] A/Sch § 58 - 15/11.

[16] Ständige Rspr. des BAG seit 1 ABR 7/72 v. 31. 10. 72 = AP Nr. 2 zu § 40 BetrVG 72.

cheren auch noch die Belastung mit den Kosten für den Sachverständigen treffen würde. Dieses Bedenken scheidet jedoch in den hier interessierenden Fällen aus. Wie gerade festgestellt wurde, ist für solche Verfahren das Beschlußverfahren die richtige Verfahrensart. Nach der ständigen Rechtsprechung des BAG[17] ist dort eine Kostenerstattung ausgeschlossen. Zumindest in den hier interessierenden Fällen greifen Nauckes Bedenken daher nicht durch.

Eine Einbeziehung der Sozialwissenschaften in die Rechtswissenschaft ist also auf der Basis der heutigen materiellen und prozessualen Rechtslage zwanglos möglich. Darüber hinaus werden aber auch noch andere Lösungsvorschläge gemacht. Raiser[18] will, ähnlich wie bei den Arbeitsgerichten oder den Kammern für Handelssachen, Sozialwissenschaftler in die Spruchtätigkeit der Gerichte einbeziehen. Ein weiterer Vorschlag von Naucke[19] geht dagegen dahin, bei den Gerichten einen sozialwissenschaftlichen Dienst einzurichten, der in geeigneten Fällen Gutachten zu erstatten hätte. Diese Lösungen sind jedoch nicht frei von Bedenken. Raisers Vorschlag würde eine nicht unerhebliche Änderung des Gerichtsverfassungsgesetzes erfordern. Zumindest nach der heutigen Rechtslage wäre er nicht realisierbar. Noch stärkeren Einwänden begegnet die Einrichtung eines sozialwissenschaftlichen Dienstes. Naucke[20] selbst hält dies für verfassungswidrig, da eine solche Einrichtung einem institutionalisierten Nebengesetzgeber gleichkäme. Darüber hinaus wäre dieses Vorhaben wohl auch nicht zu finanzieren. Wenn auch die anderen kurz skizzierten Möglichkeiten der Verbindung von Rechts- und Sozialwissenschaften unter einigen Voraussetzungen — zumindest der Änderung der bestehenden Rechtslage — theoretisch durchführbar sind, so begegnen sie doch den eingangs erwähnten Bedenken. Wie gezeigt wurde, ist eine sinnvolle Anwendung der Sozialwissenschaften im Rahmen der Rechtswissenschaft ohne Schwierigkeiten auch auf der Basis der heutigen Rechtslage möglich. Eine Falsifizierung der Theorien, die auf dieser Grundlage entwickelt wurden, trat somit nicht ein. Damit fehlt es an einer wesentlichen Voraussetzung für die Einführung neuer Modelle. Über dieses grundsätzliche Argument hinaus würde gegen die Verwirklichung der von Girtler und Ostermeyer favorisierten Lösungen das Argument der mangelnden Praktikabilität sprechen. Die konkrete Anwendung sozialwissenschaftlicher Theorien im Rahmen eines juristischen Entscheidungsprozesses setzt umfassende theoretische Kenntnisse und damit ein Vollstudium voraus. Hier kämen nun noch verschiedene Studiengänge in Betracht. Diese Ansicht ist als unrealistisch abzulehnen.

[17] BAG ebd.; A/Sch § 80 - 25/3 m. zahlr. Nw.

[18] Raiser JZ 70, 665, 671.

[19] Naucke S. 45 f.

[20] Naucke S. 46.

Dieser Vorwurf trifft auch die Lösung von Rottleuthner, die eine völlige Reorganisation der Wissenschaftsbereiche erforderlich machen würde.

Sowohl aus grundsätzlichen Erwägungen als auch wegen der bei weitem größten Praktikabilität verdient daher die von Naucke vorgeschlagene Lösung den Vorzug.

3. Zusammenfassung

Festzustellen ist, daß aus rechtsdogmatischer Sicht nichts gegen eine Einbeziehung der sozialwissenschaftlichen Forschungsergebnisse in die juristische Entscheidungsfindung spricht.

Auf die Notwendigkeit eines solchen Vorgehens weist Lautmann[21] hin, indem er ausführt, es sei das wichtigste Ziel der Rechtsfindung, daß der Richter Entscheidungen treffe, die so „richtig" seien, wie es der jeweilige Stand der Wissenschaft erlaube. Wenn also Entscheidungen nicht auf Spekulationen beruhen, sondern möglichst stimmig sein sollen, müssen die Gerichte bei der Faktenermittlung, der Ermessensausübung und der Rechtsfortbildung auf sozialwissenschaftliche Erkenntnisse zurückgreifen.

Eine Möglichkeit dazu bietet die dargestellte prozessuale Lösung. Im Anschluß an Raiser[22] soll daher nachfolgend sowohl die Soziologie der Rechtsunterworfenen als auch die der Rechtsanwender untersucht werden.

II. Die einschlägigen sozialwissenschaftlichen Forschungsergebnisse

1. Probleme bei der Ausbildung

a) Das Lernen

Eines der Grundprobleme der Psychologie ist die Lösung der Frage, wie der Mensch lernt. Hierzu gibt es verschiedene Lösungsmodelle. Alle heute vertretenen psychologischen Theorien gehen von der Grundannahme aus, daß ein Reiz (S) durch Vermittlung einer wie auch immer gearteten Funktionseinheit eine Reaktion (R) bewirkt.

Die *Reiz-Reaktions-Theorie* (SR-Theorie) in ihren verschiedenen Ausgestaltungen stellt keine Hypotheses über innere Vorgänge auf, sondern registriert nur äußeres Verhalten[23]. Nach dieser Ansicht werden beim Lernenden ohne Durchdringung der inneren Struktur des Ge-

---

[21] Lautmann S. 42 f.

[22] Raiser JZ 70, 665.

[23] Blankertz S. 57.

lernten Gewohnheiten gebildet, die je nach Komplexität zu Gewohnheitsfamilien bzw. Hierarchien von solchen zusammengeschlossen werden[24]. Dieser Ansicht von unbewußtem Lernen entspricht auch das Erklärungsmodell für das Auffinden von Problemlösungen mit Hilfe bereits erworbener Gewohnheiten. Nach dieser Auffassung existiert eine nicht geplante Abfolge von „Versuch und Irrtum", die irgendwann erfolgreich ist[25].

Die Vertreter der *kognitiven Theorien* versuchen dagegen, das Wesen der zwischen Reiz und Reaktion vermittelnden Funktionseinheit zu erklären. Dies sei dadurch gekennzeichnet, daß der Mensch in der Lage sei, die von außen auf ihn einströmende Informationsvielfalt zu strukturieren, Gesetzmäßigkeiten und Zusammenhänge äußeren Geschehens zu erkennen. Diese Auffassung findet auch bei der Erklärung des Wesens des Problemlösungsvorgangs ihren Niederschlag. Auf Grund der Kenntnis der Struktur des Gelernten kann der Mensch, wenn er vor ein Problem gestellt wird, bestimmte Lösungsmöglichkeiten, die ihrer Anlage nach für die Lösung ungeeignet sind, von vornherein ausscheiden[26]. Einen Versuch der Integration der beiden Grundauffassungen unternimmt Gagné[27]. Auch er geht im Grundsatz davon aus, daß ein Reiz eine Reaktion bewirkt. Wie auch schon andere vor ihm stellt er Kategorien des Lernens auf. Zur Erklärung des auf der jeweiligen Stufe durchgeführten Lernschrittes greift er bei den Formen des „niederen Lernens" auf die SR-Theorie, bei denen des „höheren Lernens" auf die kognitiven Theorien zurück[28]. Wesentlich an seiner Auffassung ist, daß er die jeweils höheren Stufen des Lernens nur auf Grund der Kenntnis und Anwendungsfähigkeit des auf der niedrigeren Ebene Gelernten für möglich hält.

b) Die „höheren" Stufen des Lernens

In dem hier interessierenden Zusammenhang geht es nur um die „höheren" Stufen des Lernens. Nach der Hierarchisierung von Gagné sind dies die Typen 6 - 8 (Begriffslernen, Regellernen, Problemlösen).

Auch ohne diese Hierarchisierung gehört nach allgemeinem Verständnis die Begriffsbildung zu den höheren Lernformen. Naturgemäß wird dieser Vorgang von den bereits dargestellten Grundtheorien unterschiedlich erklärt. Während die SR-Theoretiker der Ansicht sind, daß Begriffe durch Wiederholung in mannigfacher Variation gelernt

---

[24] Skowronek S. 13.

[25] Thorndike S. 105.

[26] Skowronek S. 14.

[27] Gagné S. 53.

[28] Ders. S. 52.

werden[29], meinen die Anhänger der kognitiven Theorien, daß dies nur möglich sei, weil die zur Klärung eines Begriffes benötigten Vorinformationen bereits verfügbar seien[30]. Wegen ihrer besonderen Anschaulichkeit soll im folgenden der Theorie von Gagné gefolgt werden. Sie hat den Vorteil, daß die einzelnen Lernschritte außerordentlich sauber voneinander unterschieden werden.

Der Lerntypus Nr. 6 nach Gagné ist das *Begriffslernen*. Nachdem der Mensch gelernt hat, einzelne Dinge zu unterscheiden, soll er in die Lage versetzt werden, sie zu ordnen, Klassen zu bilden und darauf spezifisch zu reagieren. Nach der erfolgreichen Bewältigung dieser Lernstufe, nach dem Gewinn der Fähigkeit, zu generalisieren und zu abstrahieren entfällt die Notwendigkeit des Vorhandenseins eines spezifischen Reizes[31]. Zur Verdeutlichung dieses Vorgangs kann z. B. die Teilnahme eines Betriebsratsmitglieds an einem Schulungskurs über das BetrVG 72 herangezogen werden. Bevor mit dem Gesetz gearbeitet werden kann, müssen zunächst die einzelnen Elemente (Tatbestandsmerkmale) erfaßt werden. Daß dies mitunter schwierig sein kann, verdeutlicht der Begriff des „leitenden Angestellten" in § 5 Abs. 3 BetrVG 72.

Der Lerntypus Nr. 7 nach Gagné ist das *Regellernen*. Unter einer Regel ist eine Kette von Begriffen zu verstehen. Durch die unterschiedliche Anordnung der gelernten Begriffe wird die Umwelt in ihrer Vielfalt erklärbar. Voraussetzung des Regellernens ist es, jeden Gegenstand der durch einen Begriff bezeichneten Klasse als zu ihr gehörig zu erkennen. Ist dies der Fall, können adäquate, d. h. inhaltlich voll verstandene Regeln gelernt werden[32]. Beim Beispiel der Einführung in das BetrVG 72 würde dies das Erlernen der gesetzlichen Vorschriften bedeuten. Die Anwendung dieser Vorschriften würde allerdings voraussetzen, daß aus einer ungeordneten Fülle von Sachinformationen die zur Erfüllung eines Tatbestandsmerkmals wesentlichen herausgefiltert werden. So könnte sich z. B. das Problem stellen, ob bei der Kündigung eines Angestellten der Betriebsrat zu hören (§ 102 BetrVG 72) oder nur zu informieren ist (105 BetrVG 72). Diese Entscheidung hängt davon ab, ob es sich um einen „leitenden Angestellten" handelt. Die korrekte Anwendung der Regel des § 105 BetrVG 72 setzt die Beherrschung des Begriffs „leitender Angestellter" voraus. Der Betriebsrat dürfte sich z. B. nicht von der Tatsache beeinflussen lassen, daß der Angestellte einen Dienstwagen mit Chauffeur benutzen darf. Er müßte prüfen, ob

29 Skowronek S. 137.

30 Carroll S. 187.

31 Gagné S. 112.

32 Ders. S. 117.

der Angestellte „für den Bestand des Unternehmens entscheidende Maßnahmen“ anordnen kann.

Der Lerntypus Nr. 8 nach Gagné ist das *Problemlösen*. Das Problemlösen stellt die höchste Stufe des Lernens dar. Es ist dadurch gekennzeichnet, daß in einer Problemsituation mehrere bereits bekannte Regeln miteinander kombiniert werden und so die Lösung gelingt. Das Ergebnis ist eine Regel höherer Ordnung, die nun gelernt ist. Das bedeutet, sie muß von dem Lernenden nicht mehr neu gefunden werden. Sollte ihre Anwendung in Zukunft noch einmal erforderlich sein, kann sie einfach aus dem Gedächtnis abgerufen werden. Die Bedingung des Problemlösens ist also die Erinnerung an bereits bekannte Regeln, mit denen dann gearbeitet wird[33]. Innerhalb des Bereichs des Problemlösens hat auch das Lernen von Problemlösungsstrategien seinen Platz. Es unterscheidet sich von den anderen Lernstufen dadurch, daß hier kein inhaltliches Wissen, sondern nur noch Methoden gelernt werden[34]. Obwohl man die besondere Bedeutung dieses Bereiches der höchsten Lernstufe nicht verkennen darf, sollte der Erwerb von positivem Wissen daneben nicht vernachlässigt werden. Denkstrategien können nur dann sinnvoll eingesetzt werden, wenn bei ihrer Anwendung auf ein umfangreiches, strukturiertes Wissen zurückgegriffen werden kann[35]. Bezogen auf das Beispiel des BetrVG 72 würde dies bedeuten, daß die Kursteilnehmer auf dieser Stufe lernen müßten, die auf einen Sachverhalt zutreffende Norm zu finden, sie ggf. sinnvoll mit anderen zu verbinden und so die Rechtslage zu klären. Sie müßten auch imstande sein, für die Lösung typischer Problemstellungen Lösungsstrategien zu entwerfen.

c) Die Vergessensrate

Ein weiterer Gesichtspunkt, der Beachtung finden muß, ist die Vergessensrate. Es hat sich gezeigt, daß nur rein sprachlich gelernte Regeln erheblich schneller vergessen wurden als solche, die selbständig gefunden wurden[36]. Allgemein läßt sich sagen, daß im Bereich des Begriffs- und des Regellernens die Vergessensrate erheblich verringert werden kann, wenn kognitive Strukturen vermittelt werden[37]. Diese Tatsache sollte auch bei der näheren Ausgestaltung von Schulungskursen Beachtung finden. Dies würde eine aktive Rolle der Teilnehmer im Lernprozeß voraussetzen.

---

[33] Gagné S. 134.

[34] Ders. S. 138.

[35] Ders. S. 140.

[36] Ders. S. 128.

[37] Ders. S. 129.

d) Die Wiederholung

Von gleicher Bedeutung für den Lernerfolg wie die vorher genannten Sachpunkte ist die Konsolidierung des Gelernten. Damit ist jedoch kein stumpfes „Einpauken" gemeint, sondern die Lösung von dem Ausgangsfall vergleichbaren Aufgaben. Dies hat den Vorteil, daß durch das Weggehen vom Einzelfall die Konturen des Gesamtproblems erheblich schärfer hervortreten. Darüber hinaus wird die innere Ordnung (Über- und Unterordnung, Abhängigkeiten, Gesetzmäßigkeiten) eines Problembereichs deutlich gemacht. Es wird sogar vermutet, daß nicht die „Verstärkung", sondern die „Strukturierung" die Grundlage des Lernerfolges bildet[38].

e) Die besonderen Bedingungen des Erwachsenenlernens

Notwendig ist zunächst eine Begriffsbestimmung. Der Begriff des Erwachsenenlernens umschreibt den Vorgang der Informationsaufnahme bzw. Verhaltensänderung durch gezielten Einsatz pädagogischer Hilfsmittel bei selbständig für ihren Lebensunterhalt sorgenden Personen[39]. Zwar besteht der Lernvorgang bei Kindern und Erwachsenen aus denselben Grundelementen, jedoch gibt es im Lernverhalten gewisse Unterschiede, auf die nachfolgend eingegangen werden soll. Es ist unter den verschiedensten Gesichtspunkten versucht worden, die bei aller Übereinstimmung in der Grundstruktur dennoch unterschiedliche Art des Lernens von Kindern und Erwachsenen zu untersuchen. Grundsätzlich lassen sich die in diesen Untersuchungen angeführten Gesichtspunkte in innere und äußere Lernbedingungen unterteilen. So gibt es bei Huberman im Bereich dessen, was bei ihm den inneren Lernbedingungen entspricht, die Begriffe „Expansion" und „Restriction". Er geht davon aus, daß im Laufe des Lebens nach einer Umwertung in den mittleren Lebensjahren an die Stelle der zunächst vorhandenen „Außenwendung" eine „Innenwendung" tritt[40]. Dohmen[41] stellt bei den inneren Lernbedingungen auf die Lernfähigkeit und die Lernbereitschaft ab. Hinsichtlich der äußeren Lernbedingungen findet sich bei Huberman eine Untersuchung der Phasen des Erwachsenenalters unter den verschiedensten Gesichtspunkten. Es gibt bei ihm eine ganze Reihe von Modellvorstellungen. So finden sich ein in 6 Phasen geteiltes psychosoziales[42], ein psychosexuelles[43], ein auf die Phasen des Berufslebens Bezug nehmendes[44] und ein sozioökonomisches Erklärungs-

---

[38] Skowronek S. 147, 155.
[39] Tietgens S. 40.
[40] Huberman S. 22.
[41] Dohmen S. 1.
[42] Huberman S. 14.
[43] Ders. S. 18.
[44] Ders. S. 18.

modell[45]. Dohmen hat eine soziokulturelle Fragestellung, unter der er die zeitgeschichtlichen, sozialen, beruflichen, gesellschaftlichen und familiären Bedingungen des Lernens untersucht[46].

Bei der Betrachtung der Arbeiten nur dieser beiden Autoren, die sich allerdings auf eine umfangreiche Literatur stützen, kann man exemplarisch für diesen Forschungsbereich das Bemühen feststellen, alle denkbaren Faktoren, die von Einfluß auf das Erwachsenenlernen sein könnten, zu erfassen und aus deren Untersuchung die Konsequenzen für eine sinnvolle, den Bedürfnissen der Lernenden entsprechende Ausgestaltung des Unterrichts zu ziehen.

Es fragt sich, ob diese im Grunde ungeordnete Vielfalt von Gesichtspunkten nicht hierarchisch strukturiert werden kann. Möglicherweise gibt es eine oder mehrere Bedingung(en), auf der alle anderen aufbauen, und die deshalb das Erwachsenenlernen besonders prägt bzw. prägen. Die erfolgreiche Bewältigung eines Weiterbildungskurses für Erwachsene erfordert die Erfüllung der folgenden drei Voraussetzungen:

— Die Teilnehmer müssen lernbereit (motiviert) sein

— Sie müssen bildsam (lernfähig) sein

— Sie müssen über einen ausreichenden Lernstil verfügen[47]

Bei Teilnehmern, die — wie in unserem Fall die Betriebsratsmitglieder — freiwillig an Schulungen teilnehmen und die erworbenen Kenntnisse im Berufsalltag dringend benötigen, wird man in aller Regel von einer ausreichenden *Motivation* ausgehen können.

Schwierigkeiten können dagegen eher im Bereich der *Lernfähigkeit* auftreten. Hier können früher gemachte Erfahrungen und erworbene Kenntnisse, wenn sie nicht zur Struktur des zu lernenden Stoffes passen, den Lernvorgang erheblich stören. In einem solchen Falle kann es erforderlich sein, den gesamten alten Erfahrungs- und Kenntnisschatz unter den neu gewonnenen Gesichtspunkten aufzuarbeiten. Diese zeitraubende Methode hat zwei Vorteile. Einerseits wird der so nahegebrachte Lernstoff nicht so leicht vergessen, andererseits wird die gesamte Denkstruktur des Teilnehmers von Grund auf verändert[48]. Setzt man die Lernfähigkeit Erwachsener in Relation zu der von Kindern, ergibt sich folgendes:

---

[45] Huberman S. 21.

[46] Dohmen S. 4 ff.

[47] Tietgens/Weinberg S. 82 ff.

[48] Dohmen S. 7; Tietgens/Weinberg S. 103.

Kinder — sind leichter zu einer Verhaltensänderung zu bewegen

Erwachsene — reagieren schneller auf Grund psychomotorischer Gegebenheiten

— können auf Grund von Erfahrungen besser „Superzeichen“ bilden

— lernen besser durch auf Grund von Erfahrungen vorweggenommener Strukturierung des Lernstoffs

Die Lernfähigkeit Erwachsener ist also nicht negativ einzuschätzen. Sie ist lediglich anders strukturiert als die von Kindern[49].

Die wichtigste der drei genannten Voraussetzungen ist die von einem Lehrgangsteilnehmer benutzte *Lerntechnik*. Sie entscheidet wesentlich über den Eintritt des Lernerfolgs. Zu unterscheiden sind das *additiv-kasuistische* und das *sinnvorwegnehmende* Lernen. Der erste Typus ist gekennzeichnet durch die unbewußte Anhäufung von Teilwissen, das nicht strukturiert wird. Das Gelernte wird nicht in Relation zur Umwelt gesetzt. Der angestrebte Lernerfolg bleibt aus.

Beim sinnvorwegnehmenden Lernen wird dagegen während des Lernvorgangs strukturiert. Diese Strukturierung ergibt sich während des Vorgangs der Vermittlung von Einzelwissen. Der besondere Effekt dieser Art des Lernens liegt darin, daß der Schüler selbst den inneren Aufbau des vermittelten Lernstoffes herausfindet. In dieser Weise Gelerntes ist wirklich verstanden und gegen Vergessen außerordentlich resistent. Es verlangt jedoch vom Lernenden, für eine gewisse Zeit Informationen aufzunehmen, deren Zusammenhang noch nicht verstanden wird und erst noch selbständig gefunden werden muß. Dieser Lernstil ist für solche Teilnehmer, die den sofortigen Lernerfolg benötigen, die nicht im Vertrauen auf zukünftiges Verstehen Einzelinformationen zunächst einmal nur speichern können, nicht erreichbar. Im Gegensatz zu der erstgenannten Art wird hier nicht auf die Vermittlung von Einzelinformationen, sondern auf den Schlüssel zu ihrem Verständnis abgezielt[50].

An diesem Punkt soll noch einmal an die Hierarchisierung der Lernstufen nach Gagné erinnert werden. Wer nach der additiv-kasuistischen Methode lernt, wird zwar die Stufe des Begriffslernens noch bewältigen können, beim Regellernen schon Schwierigkeiten bekommen, weil er deren Sinn nicht erfassen wird, an Problemlösungsaufgaben auf Grund mangelnden Verständnisses der Zusammenhänge jedoch unbedingt scheitern. Konkret auf die an einem Schulungskurs

[49] Tietgens S. 39; Dohmen S. 3 f.; Huberman S. 26 f.; Tietgens/Weinberg S. 103.

[50] Tietgens S. 44; Tietgens/Weinberg S. 88 f.

über das BetrVG 72 teilnehmenden Betriebsratsmitglieder bezogen, würde dies bedeuten, daß ihnen die Anwendung der gesetzlichen Regeln auf vorgegebene Sachverhalte nicht gelingen könnte. Für die Arbeit in der Praxis, die ja vorwiegend durch diese Aufgabenstellung charakterisiert ist, wären sie also auch nach der Teilnahme an diesem Kurs untauglich.

Es fragt sich welche Umstände über die Ausprägung dieser wichtigsten aller Lernbedingungen entscheiden. Ausgangspunkt der Untersuchung ist die Feststellung, daß der Lernstil Erwachsener geprägt ist durch ihre als Kinder gemachten Erfahrungen. Es gibt eine Entsprechung des vom Erwachsenen benutzten Lernstils mit dem zu Hause in der Familie üblichen[51]. Auch die Schulerfahrungen wirken sich aus. Hier ist zu beachten, daß der imitative, additiv-kasuistische Lernstil in der Schule bei weitem vorherrschte. Es wurde nicht gelernt, wie man lernt[52]. Die Ergebnisse früherer Forschungen ließen den Schluß zu, der direktive und der nicht-direktive Erziehungsstil stünden sich genauso gegenüber wie der additiv-kasuistische und der sinnvorwegnehmende Lernstil. Es ist zwar anzuerkennen, daß einige der Ergebnisse, die auf dem damaligen Stand der Wissenschaft gefunden wurden, durchaus zutreffend waren und auch heute noch eine beschränkte Geltung haben. Jedoch litten diese Forschungen an mangelnder Präzision hinsichtlich der Festlegung der Untersuchungsvoraussetzungen. So sind echte Vergleichsmöglichkeiten nicht gegeben. Auf Grund einer Faktorenanalyse ist es gelungen, auf einer Skala mit den Dimensionen Geringschätzung vs. Wertschätzung, minimale vs. maximale Lenkung 4 Typenkonzepte der Erziehung festzustellen:

— den sehr autokratischen

— den autokratischen

— den sozialintegrativen

— den Laissez-faire-Stil[53]

Eine Untersuchung von Kindern, deren eine Gruppe autokratisch, die andere sozialintegrativ erzogen war, hat zugunsten der letzteren folgende Ergebnisse gebracht[54]:

— die Arbeit wurde als eigene Angelegenheit der Kinder angesehen und wurde in Gruppen, die frei und selbständig zusammengestellt

[51] Tietgens S. 43; Tietgens/Weinberg S. 58.

[52] Tietgens/Weinberg S. 55.

[53] Tausch und Tausch S. 170 - 172.

[54] Aus der großen Gruppe der Einzelergebnisse sind nur die aufgeführt, bei denen der Zusammenhang mit dem Lernerfolg auf den ersten Blick zu erkennen ist.

worden waren, erbracht (der Lehrer hatte lediglich eine Hilfsfunktion)

— die Arbeit wurde von den Kindern selbst eingeteilt und verantwortet

— Verspätung und Abwesenheit des Lehrers hatten keine wesentliche Änderung der Leistung zur Folge

Während also bei den sozialintegrativ erzogenen Kindern eine ganze Reihe von positiven Aspekten zu beobachten sind, führt die autokratische Erziehungsmethode mit einiger Sicherheit zu folgenden Auswirkungen auf die intellektuellen Leistungen:

— Geringes Ausmaß an originellem, kritischem, unabhängigem Denken

— Vorurteile sind tief verwurzelt

— Geringe Neigung zu eigener Meinungsbildung

— Geringe allgemeine Lernbereitschaft

— Geringe Fähigkeit, selbständig zu lernen

— Minderwertigkeitsgefühle und Apathie gegenüber intellektuellen Vorgängen

— Vergessen des in ungünstigem Klima Gelernten[55]

Diese Ergebnisse liegen auf der gleichen Linie wie die früherer Untersuchungen, die auf der Basis der — allerdings unvollkommenen — Typologie direktives ./. nicht-direktives Erziehungsverhalten durchgeführt worden waren. Die damals gezogene Schlußfolgerung, die Anwendung des nicht-direktiven Erziehungsstils schaffe eine wesentliche Voraussetzung für den Erwerb der Fähigkeit, sinnvorwegnehmend zu lernen[56], wird voll bestätigt. Zahlreiche Untersuchungen lassen nun den Schluß zu, daß die Anwendung eines bestimmten Erziehungsstils mit hoher Wahrscheinlichkeit von der Schichtzugehörigkeit abhängig ist. So liegt es z. B. sehr nahe, daß von den Angehörigen der unteren sozio-ökonomischen Schichten eine stark lenkende Erziehungsmethode angewendet wird[57]. Mit großer Wahrscheinlichkeit beeinflußt also die Schichtzugehörigkeit den von den Eltern benutzten Erziehungsstil und wirkt sich dadurch auf das spätere Lernverhalten Erwachsener aus.

Neben dem Lernstil, dessen Bedeutung für den Lernerfolg bereits dargelegt wurde, beeinflußt auch die Sprache die Erreichung dieses Ziels. Zwar gibt es Autoren, insbesondere die der von Piaget beeinflußten Richtung, die die Kategorie der „operativen Intelligenz" einführen

[55] Tausch und Tausch S. 224.
[56] Tietgens/Weinberg S. 58 f.; Huberman S. 32.
[57] Tausch und Tausch S. 443.

und damit die Bedeutung der Sprache im Lernprozeß bestreiten wollen[58]. Sie haben an Gehörlosen nachgewiesen, daß auch diese adäquat lernen können. Allerdings hat selbst Piaget[59], der Begründer dieser theoretischen Richtung, der Sprache eine wesentliche unterstützende Funktion im Lernprozeß eingeräumt. Gegen diese Ansicht sprechen jedoch die Forschungen von Ausubel[60], die erwiesen haben, daß der Sprache beim Erlernen komplexer logischer Operationen, insbesondere bei Abstraktionen zweiter Ordnung, eine besondere Bedeutung zukommt. Festzuhalten ist also, daß Sprache eine wesentliche Bedingung für erfolgreiches Lernen darstellt. Je besser die Sprache beherrscht wird, desto feinmaschiger wird das Netz der zur Verfügung stehenden Unterscheidungsmöglichkeiten[61]. Somit ist Sprache entscheidend für das Erlernen hochdifferenzierter Informationen[62]. Die wesentliche Bedeutung der Sprache liegt also darin, daß sie strukturiert[63]. Es gibt nun Forschungsergebnisse, die — ähnlich wie bei dem Verhältnis von Schichtzugehörigkeit und Erziehungsstil — auf eine Abhängigkeit von Schichtzugehörigkeit und benutzter Sprache hinweisen. Nach Bernstein[64] werden zwei linguistische Idealtypen unterschieden: der restringierte und der elaborierte Code. Sie unterscheiden sich in einer ganzen Reihe von Punkten. Besonders hervorzuheben ist die unterschiedliche Wahrscheinlichkeit in der Voraussage der Ausgestaltung einer sprachlichen Sequenz (sowohl in syntaktischer als auch in lexikalischer Hinsicht). Außerdem gibt es Unterschiede in der Fähigkeit, sich in verschiedenen Stufen der Allgemeinheit auszudrücken. Ebenso verschieden laufen die Sozialbeziehungen ab. Die Benutzer des restringierten Codes wenden oft traditionalistische, ritualisierte Formen der Verständigung an und streben nach Konvergenz. In außergewöhnlichen Situationen müssen sie auf nicht-verbale Mittel zurückgreifen. Dagegen führt die Benutzung des elaborierten Codes zu einer individuellen Differenzierung, die auch verbalisiert werden kann. Ebensolche Unterschiede zwischen den beiden Sprachgebrauchsformen bestehen in der Fähigkeit, sich abstrakt zu äußern[65]. Oevermann[66] stellte ähnliche Untersuchungen hinsichtlich der Komplexität der Ausdrucksformen bei Unter- und Mittelschichtkindern an. Im Unterschied zu Bernstein kommt er allerdings nicht zu dem direkten Schluß vom eingeschränk-

[58] Vgl. Furth S. 157, 205 ff.
[59] Piaget S. 59 f.
[60] Ausubel S. 999 f.
[61] Tietgens/Weinberg S. 143 f.
[62] Tietgens/Weinberg S. 147.
[63] Jaeggi S. 222.
[64] Bernstein S. 102 - 116.
[65] Bernstein S. 102 - 116; Oevermann S. 78 f.; Jaeggi S. 224.
[66] Oevermann S. 52 ff.

ten Sprachgebrauch zu eingeschränkter Kognition. Er geht davon aus, daß die passiv beherrschte Sprache einen größeren Umfang hat als dies bei der aktiv beherrschten der Fall ist. Er kommt jedoch selbst bei einem Unterschichtkind mit in gleicher Weise differenziertem Ausgangsdenkvermögen wie ein Mittelschichtkind auf Grund der Umwelteinflüsse (fehlende Stimulanz im Sprachgebrauch) zu denselben Ergebnissen wie Bernstein[67]. In beiden Ansätzen kommt die Abhängigkeit des Sprachgebrauchs von der Schichtzugehörigkeit zum Ausdruck[68]. Die Ergebnisse der angestellten Überlegungen führen zu dem Ergebnis, daß die Schichtzugehörigkeit die wichtigste Lernvoraussetzung ist. Sie beeinflußt über die von den Eltern angewendete Erziehungsmethode den Lernstil des Erwachsenen und schafft durch die von ihm benutzte Sprache günstige oder weniger günstige Voraussetzungen für das Verständnis von Informationen.

An dieser Stelle ist es erforderlich, den Begriff der „Schicht" zu erläutern. Zunächst ist festzustellen, daß es keinen allgemein anerkannten Schichtbegriff gibt. In der Soziologie wird eine ganze Reihe von Schichtenmodellen vertreten. Das Vorhandensein einer Schicht wird z. B. schon dann bejaht, wenn die Angehörigen einer Personengruppe mit den gleichen, sie von dem Rest der Gesellschaft unterscheidenden Merkmalen ein Zusammengehörigkeitsgefühl entwickelt haben. Nach einer anderen Ansicht muß eine Änderung der sozialen Wertschätzung eingetreten sein[69]. Weiterhin besteht, folgt man einmal der zweiten Ansicht, kein Konsens darüber, ob die soziale Wertschätzung an objektiven (Berufsposition) oder subjektiven Kriterien (Verhalten) zu messen ist[70]. Abgesehen von diesem Theorienstreit wird in der Bundesrepublik üblicherweise ein Dreischichtenmodell vertreten, bei dem die einzelnen Ebenen noch einmal in obere und untere Einzelschicht differenziert sind. Für die Schichteneinteilung in Deutschland haben sich vor allem folgende drei Kriterien als bedeutsam erwiesen:

— Beruf

— wirtschaftliche Lage

— Bildung[71]

Wegen der relativen Verbindlichkeit soll von diesem Modell ausgegangen werden.

Über die Schichtzugehörigkeit von Betriebsratsmitgliedern existieren leider nur sehr bruchstückhafte Informationen. Verfügbar sind ledig-

[67] Oevermann S. 429 - 442.
[68] Oevermann S. 52; Bernstein S. 115.
[69] R. König S. 266.
[70] Dahrendorf (1961) S. 20 stellt auf die Normgemäßheit bzw. Nicht-Normgemäßheit menschlichen Verhaltens ab.
[71] Rüegg S. 196, 199.

lich einige Daten über Betriebsratsvorsitzende. Bekannt ist, daß im Produktionsbereich 92 % der Betriebsratsvorsitzenden Arbeiter, 8 % Angestellte sind. Üblicherweise lautet der Ausbildungsgang hier: Volksschule plus Lehre. Im Bereich Transport und Versorgung stellen die Arbeiter 64 % bzw. 43 % der Betriebsratsvorsitzenden. Im Groß- und Einzelhandel sowie bei den Banken sieht es jedoch mit 21 %, 9 % bzw. 0 % völlig anders aus. Allerdings darf man hier nicht übersehen, daß es sich lediglich um Zahlen über die Gruppenzugehörigkeit von Betriebsratsvorsitzenden handelt, über die Zusammensetzung der Betriebsräte damit nicht viel gesagt ist[72].

Bei Anwendung der Kriterien Beruf, wirtschaftliche Lage und Bildung wird man zumindest die Betriebsratsvorsitzenden, die Arbeiter sind und nur die Volksschule besucht haben, der Unterschicht zurechnen können. Auch die Tatsache der Angestellteneigenschaft wird in den meisten Fällen keine Änderung der Schichtzugehörigkeit zur Folge haben. Dies müßte jedoch im Einzelfall geprüft werden. An diese Einschätzung knüpfen sich dann die gefundenen Ergebnisse über Sprache, Lernstil und den zu erwartenden Lernerfolg an.

f) Schlußfolgerungen

Die Konsequenz dieser Darstellung sind einige Hypothesen über effektive Lernbedingungen in der Erwachsenenbildung. Sie sind weitestgehend den Schlußfolgerungen von Huberman[73] und Dohmen[74] entnommen.

— Auch bei der Vermittlung abstrakter Kenntnisse sollte der Unterricht so situationsbezogen (praxisnah) wie möglich gestaltet werden, um auf dem Weg über das konkrete Beispiel Verständnis für das abstrakte Problem zu schaffen

— Zur Förderung der Motivation sollte der Teilnehmer am Ergebnis der Arbeit persönlich interessiert sein (werden)

— Um den Teilnehmern einen erfolgreichen Einstieg in die Materie zu gewähren, sollte auf ihrem Lernniveau begonnen werden

— Um eine erfolgreiche eigenständige Problemlösung der Teilnehmer zu erreichen, sollten sowohl autokratische als auch dem Laissez-faire-Stil nahe kommende Unterrichtsformen vermieden werden. Durch Anwendung eines sozialintegrativen Erziehungsstils, bei dem den Teilnehmern keine vollständigen Problemlösungen vorgegeben werden, sollen sie das Lernen lernen

---

[72] Däubler 2. A. S. 47 f.

[73] Huberman S. 34 f.

[74] Dohmen S. 10.

— Da während des Schulungskurses darauf hingearbeitet werden soll, die Teilnehmer zu befähigen, sich in der Praxis selbst zu helfen, sollten sie bereits während des Kurses eigene Verantwortung für die von ihnen zu erreichenden Lernschritte tragen

Erfahrungsberichte aus der Praxis der gewerkschaftlichen Bildungsarbeit lassen erkennen, daß einige dieser Forderungen bei der Durchführung dieser Kurse bereits Beachtung finden. So hat z. B. eine Untersuchung, die bei der IG Metall durchgeführt wurde[75], ergeben, daß die Forderungen nach Situationsbezogenheit, Motivationsweckung, Nichtlenkung und eigener Verantwortung schon erfüllt wurden. Bereits bei der Vorstellung der Teilnehmer zu Beginn der Veranstaltung berichten die Teilnehmer über die gerade in ihren Betrieben anstehenden Probleme. Diese Informationen werden vom Kursleiter notiert und sein Unterricht wird dann entsprechend auf diese Sachpunkte ausgerichtet. Während der Kurse werden auch Gruppen gebildet, die in eigener Verantwortung Teilergebnisse erarbeiten, die dann von der gesamten Gruppe diskutiert werden. Der Leiter des Schulungskurses hat hierbei nur eine unterstützende Funktion.

g) Ergänzende Sachinformationen

Die bisherigen Ergebnisse lassen sich kurz zusammenfassen. Bisher ist erkennbar geworden, daß die einzelnen Unternehmen große Anstrengungen unternommen haben, um in zahlreichen Verfahren den Schulungsaufwand der Betriebsräte so gering wie möglich zu halten. Die Gerichte haben in vielen Sachpunkten, ohne sich um nähere Kenntnis der konkreten Voraussetzungen zu bemühen, eine restriktive Praxis geübt. So stehen die Anforderungen an Dauer und Aufwand von Schulungsveranstaltungen erkennbar im Gegensatz zu den Erfordernissen eines erfolgreichen Weiterbildungskurses. Ganz im Gegensatz dazu wird bei der Erstattung von Kursen verfahren, die von den Arbeitgeberverbänden oder ihnen nahestehenden Organisationen durchgeführt werden. Es werden sowohl Schulungen für Angehörige der Unternehmen als auch ganz gezielt für Betriebsratsmitglieder veranstaltet. Gemeinsam ist diesen Veranstaltungen, daß die hier veranschlagten Kosten weit über die bei Gewerkschaftsschulungen für zulässig gehaltenen DM 48,— hinausgehen und ohne jede Verzögerung erstattet werden. Die billigsten Kurse werden von den Bildungswerken der Arbeitgeberverbände veranstaltet. Die Kosten dafür liegen zwischen DM 50,— und DM 100,— je Tag und Teilnehmer. Dies sind allerdings nur die Teilnehmergebühren. Die darüber hinausgehenden Kosten für Unterkunft und Verpflegung sowie die Fahrtkosten werden den Teilnehmern

[75] Kreßin/Schmidt/Steinke S. 30.

selbstverständlich erstattet. Der Tagessatz für die Teilnahme an einem Kurs der Deutschen Gesellschaft für Personalführung liegt bei DM 110,— Unterbringung und Verpflegung nicht eingerechnet. Spitzenreiter ist bislang das Management-Institut München mit einem Tagessatz (nur Kursgebühr) von DM 270,—. Solche Schulungen werden im übrigen vorzugsweise in erstklassigen Hotels durchgeführt[76]. Neben den direkt von den Arbeitgebern, bzw. den von den Bildungswerken der Arbeitgeberverbände durchgeführten Kursen gibt es in der Bundesrepublik noch etwa 20 weitere Institutionen, die der Bildungsarbeit der Arbeitgeber zuzurechnen sind. Davon verfügt allein das Christliche Jugenddorfwerk über 126 Einrichtungen[77]. Nicht gemeinsam wie der Rahmen, in dem die Veranstaltungen durchgeführt werden, ist das Niveau der angebotenen Kurse. Im Gegensatz zu dem Bildungsangebot, das den Betriebsratsmitgliedern zur Verfügung steht, werden ganz spezielle Kurse für Führungskräfte durchgeführt, die trotz der den Betriebsratsmitgliedern zur Verfügung stehenden Schulungsmöglichkeiten das Fortbestehen einer, wenn auch nach oben verlagerten, intellektuellen Distanz sichern[78].

2. Probleme bei der Beurteilung

a) Die Schichtzugehörigkeit der deutschen Richter

Es liegen einige Untersuchungen über die Soziologie der deutschen Richterschaft vor[79]. Obwohl sich die Untersuchungen teilweise nur auf eine geringe Anzahl von Juristen bezogen (so etwa die von Richter, die nur 856 Richter an Oberlandesgerichten betraf), lassen sich über die Schichtzugehörigkeit der deutschen Richter ziemlich exakte Angaben machen. Die Ergebnisse der verschiedenen Untersuchungen vermitteln ein ziemlich einheitliches Bild. Die größte Abweichung haben die Zahlen von Richter, der 2,8 % der Richter als aus der Unterschicht stammend ansieht, und die von Wassermann, der 95 % der Richter der Mittelschicht zurechnet. Diese Abweichung könnte durch zwei Dinge erklärt werden. Zum einen werden bei Wassermann die Angehörigen der Oberschicht nicht mitgerechnet, zum anderen bezieht sich die Untersuchung von Richter nur auf eine bestimmte Gruppe von Richtern. Eine weitere interessante Zahl nennt Dahrendorf[80]. Nach seinen Angaben (bezogen auf 1958/59) gehörten 52 % der Bevölkerung zur

---

[76] Teichmüller S. 48; Materialien zur Tagung über aktuelle Rechtsfragen S. 33 f.

[77] s. o. Fn. 76 Materialien ... S. 30 ff.

[78] Däubler S. 45 - 47.

[79] Richter DRiZ 61, 199 201; Rottleuthner S. 56; Feest S. 95 - 113; Zwingmann S. 14; A. Wagner S. 136; Kaupen (1969) S. 63 ff.

[80] Dahrendorf AnwBl. 64, 216, 223; gleichlautend Richter DRiZ 61, 199, 201.

Unterschicht, jedoch nur 3,5 % der Jurastudenten. Unter Vernachlässigung der geringen Schwankungen in den Untersuchungsergebnissen läßt sich feststellen, daß 95 % der deutschen Richter die günstige Mittelschichtsozialisation mit den oben[81] beschriebenen positiven Auswirkungen auf die geistige Entwicklung erlebt haben. Zieht man die Zahlen über die Schichtzugehörigkeit der Jurastudenten heran, so kommt man zu dem Ergebnis, daß auch in Zukunft keine wesentliche Änderung eintreten wird.

b) Der Einfluß der Schichtzugehörigkeit auf die Urteilsfindung

Bei den im Rahmen dieser Arbeit zu erörternden Detailproblemen geht es unter anderem um die Frage, unter welchen Voraussetzungen die Dauer eines Schulungskurses noch als verhältnismäßig anzusehen ist.

Als Beispiel soll wieder die Teilnahme eines Betriebsratsmitglieds an einem Schulungskurs über das BetrVG 72 dienen. Hier geht es um die Vermittlung von Gesetzeskenntnissen und deren praktische Anwendung. Allgemein versteht man unter einem Gesetz eine abstrakte und gewollte Anordnung für menschliches Verhalten[82]. Wie bereits dargelegt wurde[83], setzt das Erlernen abstrakter Informationen eine ganze Reihe von Fähigkeiten voraus. Über diese Fähigkeiten verfügen die beurteilenden Richter auf Grund ihrer im allgemeinen günstigen Sozialisation bereits von vornherein. Es fehlt eine Vorstellung davon, wie schwierig das „Lernen zu lernen" ist. Die Tatsache, daß Richter tagtäglich mit solchen Abstraktionen umgehen, somit noch ein gewisser Übungseffekt zu berücksichtigen wäre, soll hier sogar vernachlässigt werden. Dahrendorf[84] hat zu diesem Problem etwas pointiert, doch im Kern zutreffend, geäußert, daß für die Richter, die auf Grund ihrer Herkunft „in einer halbierten Gesellschaft leben", die die Hälfte der Gesamtbevölkerung ausmachende Unterschicht gleichsam „in das Halbdunkel der Fremdheit gehüllt" sei. Der unter günstigen Voraussetzungen aufgewachsene Richter, der über die Verhältnismäßigkeit der Dauer einer Schulungsveranstaltung urteilen soll, ist naturgemäß in der Gefahr, verfehlte (weil auf sich selbst bezogene) Maßstäbe bei der Beurteilung anzulegen. Dieses Problem wird übrigens nicht nur in dieser Spezialmaterie des Arbeitsrechts gesehen. Es durchzieht die gesamte Rechtsanwendung[85]. Dem wird entgegengehalten, der Richter begegne

---

[81] s. o. D II 1 e.

[82] Wolff/Bachof I § 24 II a.

[83] s. o. D II 1.

[84] Dahrendorf Hamburger Jahrbuch S. 274.

[85] Adomeit ZRP 70, 176; Opp/Peuckert S. 17; Englsch S. 132; Würtenberger S. 158 ff.; Hirschberg S. 118, 132, 134; Wassermann RRG S. 84; Dahrendorf Anw. Bl. 64, 216, 219; Raiser JZ 70, 665, 667.

Menschen aus allen Schichten der Bevölkerung und bringe, da er aus nichtbegüterten Kreisen stamme, ein nicht mehr bezweifeltes soziales Verständnis auf[86]. Dieser Einwand wird jedoch als unqualifiziert abgetan, da hier das Problem der Schichtzugehörigkeit völlig vernachlässigt werde[87].

Vor einer platten Übertragung der erläuterten Prinzipien auf die Rechtsanwendung durch die Richter ist allerdings zu warnen. Immerhin ist der Richter darin geschult, objektive Maßstäbe anzulegen. Er steht auch in der üblichen Prozeßsituation ständig zwischen den Parteien. Wenn ihm entsprechende Informationen angeboten werden, ist er — zumindest ist dies zu erwarten — zu einer selbstkritischen Betrachtung fähig. Durch intellektuelle Anstrengung kann er sich aus der Bindung seiner Schichtzugehörigkeit lösen[88]. Es ist also zu erwarten, daß die Vermittlung von Sachinformationen zu einer Überprüfung des bisher vertretenen Standpunktes führen wird.

---

[86] A. Wagner S. 137.

[87] Dahrendorf Anw. Bl. 64, 216, 219; Rottleuthner S. 56.

[88] Dahrendorf Anw. Bl. 64, 216, 229.

E. Die Bedeutung der Verhältnismäßigkeitsprüfung für die Erstattung von Schulungskosten nach dem BetrVG 72

Die vorangegangenen Untersuchungen erbrachten eine Fülle von Einzelergebnissen. Diese sollen nach einer kritischen Bestandsaufnahme zu einem neuen Problemlösungsvorschlag zusamengefügt werden.

I. Kritik

Ansatz der Kritik sind die Art und Weise, in der das BAG die Begriffe der „Erforderlichkeit" und der „Verhältnismäßigkeit" im Rahmen der §§ 37 Abs. 6 und 40 Abs. 1 BetrVG 72 verwendet. Zu bemängeln ist zunächst die fehlende dogmatische Aufbereitung der Verwendung dieser Begriffe. Außerdem ist zu beanstanden, daß das BAG es bislang unterlassen hat, seine Entscheidungen auf eine fundierte tatsächliche Grundlage zu stellen.

1. Die Erforderlichkeit

Der Begriff der „Erforderlichkeit" wird ebenso wie der der „Verhältnismäßigkeit" in der Rechtsprechung des BAG zur Erstattung von Schulungskosten anders gebraucht, als dies in vielen anderen Rechtsgebieten der Fall ist. Diese Tatsache allein könnte allerdings nicht Gegenstand der Kritik sein, wenn dem abweichenden Gebrauch der Begriffe eine exakte Definition ihrer Voraussetzungen zugrunde läge. Dies ist jedoch nicht der Fall. Das BAG ordnet den Begriff der „Erforderlichkeit" rechtsdogmatisch als „unbestimmten Rechtsbegriff mit einem gewissen Beurteilungsspielraum" ein, dessen Voraussetzungen dann gegeben sein sollen, wenn die bei einer Schulung behandelte Thematik im konkreten Betrieb ansteht oder demnächst aktuell wird. Die Wahl dieser Konstruktion schafft Unklarheit über den Umfang der gerichtlichen Kontrolle. Diese Verwendung des Begriffes der „Erforderlichkeit" genügt nicht den sonst üblichen Anforderungen. Es fehlt die Angabe des Ziels, zu dessen Erreichung eine Schulungsmaßnahme dienen soll. Es fehlen Ausführungen darüber, wann ein Betriebsratsmitglied einen solchen Wissensstand erreicht hat, daß eine weitere Schulung entbehrlich scheint. Die Bezugnahme lediglich auf die Aktualität des Schulungsthemas sagt darüber nichts aus. Es sollte klargestellt werden, welches Maß an Information ein Betriebsratsmitglied zur erfolgreichen Teilnahme an Verhandlungen mit dem Arbeitgeber benötigt. Hier muß nach rechtlichen Maßstäben gesucht werden.

2. Die Verhältnismäßigkeit

Hinsichtlich der Verwendung des Begriffs der „Verhältnismäßigkeit" durch das BAG kann auf die Ausführungen zur „Erforderlichkeit"[1] Bezug genommen werden. Auch hier fehlt es an einer begründeten eigenen Definition des Gerichts, das den Begriff der „Verhältnismäßigkeit" abweichend vom sonstigen Sprachgebrauch verwendet, wenn es z. B. die Dauer der Schulung, die Wahl des Schulungsortes, die Höhe und die Art der entstandenen Kosten mit der damit verbundenen finanziellen Belastung des Arbeitgebers ins Verhältnis setzt. Auch hier ist vom allgemeinen Begriff der Verhältnismäßigkeit auszugehen, der — wie oben[2] gezeigt — aus Erforderlichkeit und Proportionalität besteht. Die Anwendung dieses Begriffes könnte die Rechtsprechung des BAG deutlicher und übersichtlicher machen. Zunächst müßte die Erforderlichkeit der Maßnahme, dann ihre Proportionalität geprüft werden. Auch hier kommt es darauf an, einen Maßstab anzugeben, an dem die Verhältnismäßigkeit der einzelnen Maßnahme untersucht werden kann. Dies wurde vom BAG bisher unterlassen.

3. Die Beachtung der tatsächlichen Grundlagen der Entscheidung

Ebenso wie eine Zielbestimmung fehlten bisher auch Erkenntnisse darüber, von welchem Kenntnisstand aus bei Schulungsveranstaltungen Lernprozesse abliefen. Dazu wurden weder Daten herangezogen noch Gutachter gehört. An die Stelle wissenschaftlicher Erkenntnisse setzten die Gerichte bislang eigene Schätzungen, z. B. der erforderlichen (zulässigen) Dauer von Schulungsveranstaltungen. Welche Vorstellungen über die tatsächlichen Voraussetzungen und welche Kenntnisse der Pädagogik diesen Entscheidungen zugrunde lagen, bleibt im Ungewissen. Ein solches Vorgehen ist zumindest unwissenschaftlich und trägt darüber hinaus noch den Schein des Willkürlichen.

---

[1] s. o. E I 1
[2] s. o. B II 1 d.

II. Lösungsvorschlag

Wie schon an den voranstehenden Ausführungen (insbesondere unter E I) erkennbar wurde, sollen weder die Erstattung von Schulungskosten durch den Arbeitgeber noch deren Einschränkung an sich kritisiert werden. Ungenau und deshalb verbesserungswürdig sind lediglich die angewendeten Maßstäbe und Methoden. Einer Korrektur bedürfen daher die schon unter E I angedeuteten Punkte. Verbessert werden muß die Anwendung der einschränkenden Begriffe „Erforderlichkeit" und „Verhältnismäßigkeit". Dies betrifft einerseits die dogmatische Einordnung, andererseits — vor allem — die Beachtung der Tatsache, daß der Betriebsrat als sachnächstes Organ über die Entsendung von Mitgliedern zur Teilnahme an Schulungsveranstaltungen entscheidet. Die sachgerechte Beurteilung eines solchen Beschlusses erfordert, daß das entscheidende Gericht die tatsächlichen Umstände des Einzelfalls aufklärt. Dies betrifft einerseits die allgemeinen Erkenntnisse über den Ablauf von Lernprozessen bei Erwachsenen, andererseits die Ermittlung der Lernvoraussetzungen des zu einer Schulungsveranstaltung entsandten Betriebsratsmitglieds.

1. Erforderlichkeit und Verhältnismäßigkeit als Ausdruck eines allgemeinen Prinzips

Wie schon oben[3] dargelegt wurde, werden die Begriffe der „Erforderlichkeit" und der „Verhältnismäßigkeit" im Bereich der Erstattung von Schulungskosten abweichend von der sonst üblichen Form gebraucht. Auch sind ihre Konturen unscharf. Ein besseres Verständnis der Bedeutung dieser Begriffe ermöglicht ein Rückgriff auf die Entwicklung der Rechtsprechung des BAG und des BVerwG zu den Fragen der Freistellung zu Schulungsveranstaltungen und der Erstattung der dadurch verursachten Kosten. Ausgangspunkt der Entwicklung waren die Entscheidungen des BAG und des BVerwG zu §§ 37 Abs. 2, 39 Abs. 1 BetrVG 52 bzw. §§ 42, 44 PersVG 55. Beide Gerichte beeinflußten sich stark durch ihre Entscheidungen. Die angestellten Wertungen entsprachen einander. Auf die Freistellung für die Teilnahme an Schulungsveranstaltungen wurden die Grundsätze für anwendbar erklärt, nach denen über die Freistellung zur Ausübung von Personalratstätigkeit entschieden wurde[4]. Es galt der Satz, daß Arbeitszeitversäumnis dann erforderlich wäre, wenn das einzelne Personalratsmitglied auf Grund des Vorliegens objektiver Tatsachen die Versäumnis subjektiv für erforderlich halten durfte[5]. Dieser Maßstab fand auch Anwendung

[3] s. o. E I.

[4] s. o. A II 3.

[5] s. o. A II 3.

auf die dabei verursachten Kosten[6]. Diese Regel galt entsprechend auch für das BetrVG 52[7]. Grundlage dieser Einschränkung war der Grundsatz der vertrauensvollen Zusammenarbeit, der in § 49 Abs. 1 BetrVG 52 ausdrücklich genannt war und auf den sich das BAG stützte[8]. Mit diesem Maßstab sollte den Interessen beider Seiten gedient werden. Der Begriff der Erforderlichkeit diente der Umschreibung dieser Tatsache. Er ist insofern Ausdruck der Beschränkung eines Rechts durch die Berücksichtigung der Interessen anderer Beteiligter. Auch in der Rechtsprechung zum BetrVG 72 findet sich eine Bezugnahme auf den Grundsatz der vertrauensvollen Zusammenarbeit[9]. Dies gilt sowohl für die Erforderlichkeit, die zunächst als Einschränkungsmaßstab herangezogen wurde, wie für die neuerdings angewendete Beschränkung durch den Grundsatz der Verhältnismäßigkeit. Beide haben ihre Grundlage im Prinzip der vertrauensvollen Zusammenarbeit. Als Zwischenergebnis ist deshalb festzustellen, daß beide Begriffe Ausdruck des allgemeinen Prinzips der Beschränkung eigener Interessen durch die Berücksichtigung der anderer sind. In der Sache ergibt sich kein Unterschied.

2. Die Ausfüllung des vom BAG eingeräumten Beurteilungsspielraums

a) Die Parallele zum Verwaltungsrecht

Eingangs[10] wurde festgestellt, daß die rechtsdogmatische Einordnung des Begriffs der Erforderlichkeit durch das BAG äußerst unklar ist. Die Bewertung als „unbestimmter Rechtsbegriff mit einem gewissen Beurteilungsspielraum" ist außerordentlich unscharf, zumal da sowohl dem Betriebsrat als auch dem Tatsachengericht ein Beurteilungsspielraum zustehen soll[11]. Der Rechtsprechung des BAG liegt deutlich die Einsicht zugrunde, daß der Betriebsrat als der dem Problem am nächsten Stehende die Notwendigkeit einer Schulung am besten beurteilen kann. Auch ist er am ehesten in der Lage zu prognostizieren, ob und in welchem Umfang noch weitere Mitglieder zu Schulungsveranstaltungen entsandt werden müssen. Bei der Erörterung des Problems der Zubilligung von Beurteilungsspielräumen zugunsten der Verwaltung sprachen materiell wesentlich die Gesichtspunkte der Sachnähe und der von der Behörde anzustellenden Prognose. Zukünftige Entwicklungen

---

6 s. o. A II 3.

7 s. o. A II 2.

8 BAG 1 ABR 11/66 v. 18. 4. 67 = AP Nr. 7 zu § 39 BetrVG; 1 ABR 6/69 v. 24. 6. 69 = AP Nr. 8 zu § 39 BetrVG.

9 BAG 1 ABR 7/72 v. 31. 10. 72 = AP Nr. 2 zu § 40 BetrVG 72; AP Nr. 9 zu § 37 BetrVG 72.

10 s. o. E I.

11 BAG 1 ABR 6/73 v. 9. 10. 73; 1 ABR 38/73 v. 11. 12. 73; 1 ABR 46/73 v. 5. 2. 74.

sollten durch die Gerichte nicht verhindert werden. Bei der Entscheidung über die Schulung weiterer Betriebsratsmitglieder und den damit verbundenen Aufwand handelt es sich um eine fast identische Situation. Der Betriebsrat kann auf Grund seiner Erfahrung am besten beurteilen, welche Kenntnisse ihm noch fehlen, um die Interessen der Belegschaft optimal vertreten zu können. Es bietet sich an, die bei der Erörterung dieses Problems im Verwaltungsrecht gewonnenen Erkenntnisse auf die Erstattung von Schulungskosten zu übertragen. Im übrigen ist hier noch einmal darauf hinzuweisen, daß es sich bei der Übertragung dieser Prinzipien auf das Betriebsverfassungsrecht keineswegs um ein Novum handelt. Auch an anderer Stelle sind die Einflüsse verwaltungsrechtlicher Methoden auf die Auslegung betriebsverfassungsrechtlicher Vorschriften deutlich geworden. Als Beispiel ist § 76 Abs. 2 BetrVG 72 zu nennen, auf dessen Problematik schon oben[12] eingegangen wurde. Auch dort verweisen führende Kommentatoren auf die neue Entwicklung der Dogmatik im Verwaltungsrecht und die dazu ergangene Rechtsprechung des BVerwG.

b) Beurteilungsspielräume bei der Erstattung von Schulungskosten

Nachdem nun generell die Zulässigkeit und die Möglichkeit der Übertragung der ursprünglich im Verwaltungsrecht gewonnenen Erkenntnisse festgestellt wurden, stellt sich die Frage, wie diese durchgeführt werden soll. Grundsätzlich ist von den im Verwaltungsrecht gefundenen Ergebnissen[13] auszugehen.

Die erste Voraussetzung, die Begründung für die der Verwaltung bzw. hier dem Betriebsrat zustehende Beurteilungsermächtigung, hat das BAG in ständiger Rechtsprechung schon selbst gegeben, indem es dem Betriebsrat einen gewissen Beurteilungsspielraum zubilligt. Im übrigen ist auf die vorangegangenen Ausführungen[14] zu verweisen, in denen bereits die grundsätzliche Vergleichbarkeit der Sachlage in beiden Rechtsgebieten begründet wurde. Dazu kommt noch, daß aus der Konzeption der Verbindung eines Betriebsratsbeschlusses nach § 33 BetrVG 72 mit der Zulässigkeit der Entsendung zu einer Schulung nach § 37 Abs. 6 BetrVG 72 auch dem Erfordernis der Begründung aus dem Gesetz selbst genügt wird.

Abweichungen ergeben sich auch nicht hinsichtlich des Begründungszwanges und der Notwendigkeit der Tatsachendarlegung. Welche Tatsachen dargelegt und welche tatsächlichen Gegebenheiten besonders zu berücksichtigen sind, wird noch auszuführen sein.

---

[12] s. o. C IV 3 c.

[13] s. o. C II 2 c.

[14] s. o. E II 2 a.

Gewisse Abweichungen von dem im Verwaltungsrecht anzuwendenden Vorgehen ergeben sich allerdings bei der Durchführung der Verhältnismäßigkeitsprüfung. Hierdurch wird das Prinzip jedoch nicht in Frage gestellt.

Nicht überprüft wird die Festlegung des mit einer Schulung verfolgten Zieles. Im Gegensatz zu der völlig freien Behördenentscheidung ist dies hier bereits vom Gesetzgeber vorgegeben. Entbehrlich ist auch die Prüfung der Geeignetheit einer Schulungsmaßnahme. Wie oben[15] dargelegt, besteht die Untersuchung der Verhältnismäßigkeit nur aus der Prüfung der Erforderlichkeit und der Proportionalität der Maßnahme. Ein nicht geeignetes Mittel wäre im übrigen weder erforderlich noch proportional. Auf die Zielvorstellung des Gesetzgebers und den Grad der Kontrolldichte, die wesentliche Elemente der Verhältnismäßigkeitsprüfung darstellen, soll ebenso wie auf die Darlegung der entscheidungserheblichen Tatsachen nachfolgend näher eingegangen werden.

aa) Die Einbeziehung der Erkenntnisse der Sozialwissenschaften

Eine wesentliche Bedingung für eine „richtige" Entscheidung ist die Kenntnis der tatsächlichen Gegebenheiten. Diese Umstände sind hier durch die Materie selbst vorgegeben. Es geht um die Vermittlung von Kenntnissen. Diese stammen hier üblicherweise wie z. B. solche auf den Gebieten des Rechts, der Arbeitswissenschaft und der Psychologie aus solchen Bereichen, mit denen die Kursteilnehmer im Rahmen ihrer früheren Ausbildung nicht in Berührung gekommen sind. Es handelt sich vor allem um Kenntnisse, die vorwiegend theoretischer Art sind und wenig Bezug auf tatsächliche Gegebenheiten besitzen. Sie sind selten anschaulich. Wie in dem Abschnitt über das Lernen[16] ausgeführt wurde, setzt der Erwerb abstrakter Kenntnisse eine besondere Lerntechnik voraus. Diese wird jedoch nur dann vermittelt, wenn Sprache und Erziehungsstil geeignet waren, dies zu ermöglichen. Wesentliche Bedingung dabei ist die Schichtzugehörigkeit. Dies muß nicht zwingend so sein, jedoch spricht eine außerordentlich große statistische Wahrscheinlichkeit dafür. Hier sind nun die Daten über die Schichtzugehörigkeit der Betriebsratsvorsitzenden zu beachten. Der Großteil war, wie wir gesehen haben, der Unterschicht zuzurechnen. Obwohl keine ausreichenden Daten über Betriebsratsmitglieder vorliegen, spricht eine äußerst große Wahrscheinlichkeit dafür, daß die Verhältnisse zumindest gleich, wenn nicht schlechter sind. Ein Ausgleich dieses Defizits ist nur dadurch möglich, daß die Gestaltung der Kurse auf diese sprachlichen Voraussetzungen eingeht. Dies hat z. B. Folgen für die Dauer der Kurse.

---

[15] s. o. B II 1 d.

[16] s. o. D II 1.

Teilnehmer mit solchen Voraussetzungen können nicht erfolgreich über mehrere Stunden hinweg mit rein abstrakten Problemen konfrontiert werden. Der Stoff kann nur dann vermittelt werden, wenn praxisbezogene Unterrichtsformen wie etwa Planspiele gezielt eingesetzt werden. Dies kostet allerdings ebenso Zeit wie die mehr als bei anderen Unterrichtsgruppen erforderlichen Unterbrechungen des Unterrichts. Wenn solche Pausen nicht eingelegt werden, erlahmt die Konzentrationsfähigkeit der Teilnehmer sehr schnell. Als bedeutsam können sich auch bestimmte technische Einrichtungen am Schulungsort erweisen. Wichtig kann z. B. das Vorhandensein von Kleingruppenräumen, Filmräumen oder Tonbandgeräten zur Kontrolle des Inhalts und der Form von Redebeiträgen sein.

Zusammenfassend kann also festgestellt werden, daß die Anwendung der sozialwissenschaftlichen Forschungsergebnisse, insbesondere der Psychologie, der Erwachsenenpädagogik und der Soziologie, Aufschluß über den notwendigen Inhalt und Aufbau einer Schulungsveranstaltung gibt, die mit großer Wahrscheinlichkeit zum Lernerfolg der Teilnehmer führen wird. Die zur Kompensation der schlechten Lernvoraussetzungen der Teilnehmer erforderlichen Maßnahmen können Konsequenzen für die Dauer, den Ort und die innere Ausgestaltung des Kurses und somit auch für die dadurch verursachten Kosten haben.

bb) Die Bestimmung des gesetzgeberischen Ziels

Die entscheidende Voraussetzung für die Durchführung einer Verhältnismäßigkeitsprüfung ist die Kenntnis des mit einer Maßnahme verfolgten Ziels. Wie schon ausgeführt[17], ist dies hier im Gegensatz zum Verwaltungsrecht bereits vorgegeben. Um die Intention des Gesetzgebers zu ermitteln, sind Entstehungsgeschichte und Gesamtkonzeption des BetrVG 72 zu würdigen. Aufschluß über die Absichten des Gesetzgebers geben die Gesetzentwürfe der verschiedenen Fraktionen und die Ausschußberichte. Hier ist ganz deutlich zu sehen, daß alle an diesem Gesetzgebungsverfahren Beteiligten davon ausgingen, daß die Betriebsratsmitglieder sich in Zukunft gesteigerten Anforderungen gegenüber sehen würden. Verlangt wurde Sachkunde, zu deren Erwerb beide Entwürfe, der Regierungsentwurf[18] in § 37 Abs. 3 und der Entwurf der CDU/CSU-Fraktion[19] in § 78 Abs. 1 die Möglichkeit zur Qualifikation durch Freistellung für die Teilnahme an Bildungsveranstaltungen boten. In einer Erläuterung zu § 37 Abs. 3 des Regierungsentwurfs heißt es[20]:

---

[17] s. o. E II 2 b.
[18] BT-Drucksache VI/1786.
[19] BT-Drucksache VI/1806.
[20] BT-Drucksache VI/1786 S. 40 f.

„Im Hinblick auf die ständig steigenden Anforderungen an die Betriebsratsmitglieder sieht Absatz 3 die Möglichkeit der Freistellung von Betriebsratsmitgliedern für Schulungs- und Bildungsmaßnahmen vor, die für die Betriebsratsarbeit erforderliche Kenntnisse vermitteln."

Diese Auffassung setzte sich auch im Gesetzgebungsverfahren durch, ohne auf große Widerstände gestoßen zu sein. So wurde im Bericht des Ausschusses für Arbeit und Soziales folgendes vermerkt[21]:

„Der Ausschuß war einmütig der Ansicht, daß es im Interesse einer sachgerechten Tätigkeit des Betriebsrates, insbesondere im Interesse einer ausreichenden Qualifikation seiner Mitglieder, unerläßlich sei, ... eine ausreichende Weiterbildung von Betriebsratsmitgliedern ... sicherzustellen."

Sachkunde wird auf den verschiedensten Gebieten gefordert, unabhängig davon, in welchem Umfang der Betriebsrat Beteiligungsrechte hat. Bei der Gestaltung des Arbeitsplatzes, der -umgebung und des -ablaufs sollen z. B. „die gesicherten Erkenntnisse der Arbeitswissenschaft einschließlich der Arbeitsmedizin, -physiologie und -psychologie über eine menschengerechte Gestaltung der Arbeit" zugrunde gelegt werden[22]. Auf die unternehmerische Entscheidung bei der Betriebsänderung hat der Betriebsrat zwar keinen Einfluß, jedoch soll er bereits im Planungsstadium ein umfassendes Informations- und Beratungsrecht besitzen[23]. Auch im Hinblick auf die Personalplanung soll der Betriebsrat Rechte besitzen. Über beabsichtigte Maßnahmen ist der Betriebsrat rechtzeitig zu unterrichten, sie sind auch mit ihm zu beraten[24]. Diese Weiterbildungsmöglichkeit und gleichzeitig -notwendigkeit ist im Zusammenhang mit dem Grundsatz der vertrauensvollen Zusammenarbeit zu sehen, der das gesamte Betriebsverfassungsrecht beherrschen soll. Von der Geltung dieses Grundsatzes gehen beide Entwürfe aus[25]. Er wird auch im Ausschußbericht ausdrücklich hervorgehoben[26]. Er findet seine Ausprägung in §§ 2, 74 BetrVG 72, wobei § 2 als Generalklausel vorangestellt ist und § 74 dazu eine lex specialis darstellt[27]. Die Anwendung dieses Grundsatzes soll nicht über bestehende Interessengegensätze hinwegtäuschen[28]. Verfehlt wären Vorstellungen, die von ihrer Aufhebung ausgingen. So gibt es z. B. Denkmodelle, denen eine „verbandsrechtliche Partnerschaft", „ein gesellschaftliches Verhältnis zwischen Arbeitgeber und Betriebsrat" oder „eine rechtlich relevante Be-

---

[21] BT-Drucksache *zu* VI/2729 S. 23.

[22] BT-Drucksachen VI/1786 S. 31 f. und *zu* VI/2729 S. 5.

[23] BT-Drucksachen VI/1786 S. 33 und *zu* VI/2729 S. 8.

[24] BT-Drucksache VI/1786 S. 32.

[25] BT-Drucksachen VI/1786 S. 35 und VI/1806 S. 31.

[26] BT-Drucksache *zu* VI/2729 S. 9.

[27] GK-Kraft § 2 Rdnr. 5; Kreutz Bl. St. Soz. Arb. R. 72, 44, 45.

[28] GK-Thiele Einl Rdnr. 60; F/A/K § 2 Rdnr. 2 a; Kreutz Bl. St. Soz. Arb. R. 72, 44, 46; Söllner DB 68, 571, 572; Buchner DB 74, 530.

triebsgemeinschaft" zugrunde liegen[29]. Insbesondere ist die Verfolgung von Gruppeninteressen nicht ausgeschlossen[30]. Sowohl Arbeitgeber als auch Betriebsrat sind dabei aber auch verpflichtet, das Wohl von Arbeitnehmern und Betrieb zu berücksichtigen. Weggefallen ist damit die Bindung an das Allgemeinwohl, wie sie z. B. in § 49 Abs. 1 BetrVG 52 ausgesprochen war. Dies steht im Einklang mit der im Jahre 1965 erfolgten Änderung des Aktienrechts, das die Verpflichtung auf das Gemeinwohl nunmehr im Gegensatz zu § 70 Abs. 1 AktG 1937 ebenfalls nicht mehr enthält. Diese Änderung wurde gemäß dem Entwurf der Bundesregierung[31] entgegen dem Antrag der CDU/CSU-Fraktion[32] ausdrücklich durchgeführt. Der Grundsatz der vertrauensvollen Zusammenarbeit verpflichtet die Beteiligten auch nicht zum Kompromiß[33]. Er soll nur dazu führen, daß sie mit dem ernsten Willen der Herbeiführung einer Einigung miteinander verhandeln[34]. Der Grundsatz der vertrauensvollen Zusammenarbeit deutet damit nur den Lösungsweg an, den das Gesetz bei Differenzen vorsieht, wobei dahinstehen kann, ob es sich um eine bloße Ermahnung, eine nachdrückliche Aufforderung oder um eine echte Verhaltenspflicht handelt[35]. Im Gegensatz zum BRG 1920, dem in erster Linie ein (allerdings konstruktives) Konfrontationsmodell zugrunde lag[36], sieht das Gesetz heute ein kooperatives Verhalten von Arbeitgeber und Betriebsrat vor. Es stellt ihnen die gemeinsame Aufgabe, Einzelfragen aus dem betrieblichen Bereich sachlich und sachgerecht zu lösen und schreibt ihnen dazu einen bestimmten Weg — den des Dialogs — vor[37].

Festzustellen bleibt nach diesen Ausführungen, daß das BetrVG 72 in seiner Konzeption von einer Konfliktlösung durch Dialog ausgeht. Dieses Gespräch soll sich auf Sachprobleme beziehen. Den Betriebsratsmitgliedern soll durch die Schulungsmöglichkeit, die im Gesetz ausdrücklich in diesem Zusammenhang erwähnt wird, ein diesen Dialog ermöglichender Wissensstand vermittelt werden.

---

[29] Sorge AuR 53, 272; Neumann-Duesberg § 17 III; vgl. dazu Kreutz Bl. St. Soz. Arb. R. 72, 44, 46; Söllner DB 68, 571, 572; GK-Kraft § 2 Rdnr. 4; Leinemann BUV 71, 49 ff.

[30] G/L § 2 Rdnr. 14; D/R § 2 Rdnr. 5; GK-Thiele Einl. Rdnr. 62; Söllner DB 68, 571 572.

[31] BT-Drucksache VI/1786 S. 35.

[32] BT-Drucksache *zu* VI/2729 S. 9 f.

[33] G/K/S § 74 Rdnr. 4.

[34] GK-Thiele § 74 Rdnr. 14; D/R § 74 Rdnr. 5; Kreutz Bl. St. Soz. Arb. R. 72, 44, 51.

[35] Vgl. GK-Thiele § 74 Rdnr. 15.

[36] D/R § 2 Rdnr. 4; Söllner DB 68, 571 572; a. A. Buchner DB 74, 530, 531, der von einer kooperativen Grundkonzeption schon allein wegen des Vorhandenseins einer Verfassung ausgeht.

[37] GK-Thiele Einl Rdnr. 60; § 74 Rdnr. 15; G/L § 2 Rdnr. 13; Söllner DB 68, 571, 572; Kreutz Bl. St. Soz. Arb. R. 72, 44, 46; Buchner DB 74, 530, 532.

cc) Der Grad der Kontrolldichte

Ein wesentlicher Gesichtspunkt, der auch im Verwaltungsrecht Gegenstand eingehender Betrachtung war, ist die Gewährleistung eines effektiven Rechtsschutzes. Wesentlich dafür ist die Kontrolldichte, d. h. die Frage, wie weit sich die Gerichte in Richtung auf eine eigene Sachentscheidung vorwärts bewegen dürfen.

Maßstäbe für die Ausgestaltung der gerichtlichen Kontrolle des Betriebsratsbeschlusses bietet die Materie selbst. Wir haben gesehen, daß der Geestzgeber ein kooperatives Konfliktlösungsmodell konzipiert hat. Prinzip des Gesetzes ist der Dialog. Eine dauerhafte, nicht zu weiteren Problemen führende Lösung ist jedoch nur dann erreichbar, wenn beide Seiten in Kenntnis der anstehenden Probleme und der bestehenden Lösungsmöglichkeiten über eine konkrete Sachfrage verhandeln. Dem Gesetzeszweck liefe es zuwider, wenn eine Seite infolge sachlicher Unkenntnis ständig übervorteilt würde.

Die Priorität, die der Schulung der Betriebsratsmitglieder nach dem Gesetz zukommt, ist besonders zu berücksichtigen. Diesem starken Gewicht entspricht es, einen Verstoß gegen den Grundsatz der Verhältnismäßigkeit nur in wenigen Fällen anzunehmen. Unverhältnismäßig sind danach die durch die Teilnahme an einer Schulungsveranstaltung verursachten Kosten dann, wenn der Beschluß des Betriebsrats auf einem Rechtsmißbrauch basiert, die finanzielle Leistungsfähigkeit des Betriebs übersteigt oder die für die Entsendung im Beschluß des Betriebsrats gegebene Begründung gegen Denkgesetze verstößt.

3. Ergebnis

a) Der gemeinsame Prüfungsmaßstab

Die Begriffe „Erforderlichkeit“ und „Verhältnismäßigkeit“ sind nach den früheren Ausführungen[38] lediglich Ausdruck des allgemeinen Prinzips der Beschränkung eigener durch die Beachtung der Rechte anderer. Die Beschränkung hat ihre Grundlage in § 2 Abs. 1 BetrVG 72, der dem Gesetz als beherrschender Grundsatz vorangestellt ist.

Für die Erforderlichkeit wurde das Bestehen eines Beurteilungsspielraumes bereits begründet[39]. Diese Ausführungen sind auch für die Auslegung des Begriffs der Verhältnismäßigkeit heranzuziehen. Beide Begriffe stammen aus derselben Wurzel. Sie sind materiell identisch. Der Betriebsrat entscheidet sachnah und prognostisch nicht nur darüber, ob Kenntnisse einer bestimmten Thematik erforderlich sind, er kann aus

---

[38] s. o. E II 1.

[39] s. o. E II 2 a.

denselben Gründen auch beurteilen, in welchem Umfang z. B. Kenntnisdefizite bei einzelnen Betriebsratsmitgliedern bestehen, die eine aufwendige Schulung geboten erscheinen lassen. Er kann — und dies kann für die Beurteilung der Zulässigkeit der verursachten Kosten entscheidend sein — am ehesten beurteilen, ob die Entsendung weiterer Mitglieder zu Schulungsveranstaltungen ansteht. Wenn man also die Entwicklung der Rechtsprechung und den materiellen Gehalt der Entscheidungen des Betriebsrats im Auge hat, ergibt sich kein Anhaltspunkt dafür, daß — wie es in der neueren Rechtsprechung des BAG der Fall ist — für die Freistellung zu Schulungsveranstaltungen und die Erstattung der dadurch verursachten Kosten unterschiedliche Maßstäbe gelten sollen.

Die praktische Anwendung dieses Lösungsweges hätte folgende Konsequenzen: Zu untersuchen wäre zunächst die Erforderlichkeit der Teilnahme des Betriebsratsmitglieds an der speziellen Schulungsveranstaltung und die der dabei eingesetzten Sachmittel. Hier könnte sich etwa die Frage stellen, ob die Benutzung der 1. Wagenklasse der Bundesbahn durch das Betriebsratsmitglied zulässig war. Das BAG mußte in seinen Entscheidungen vom 16. 3. 76[40] ausdrücklich Ausnahmen zulassen. Nach der hier vertretenen Ansicht wäre eine Kontrolle zwanglos möglich. Es müßte geprüft werden, ob die Benutzung der 1. Wagenklasse zur Erreichung des mit der Schulungskursteilnahme verfolgten Zwecks erforderlich war, z. B. weil der Teilnehmer bei Benutzung einer anderen Verbindung übermüdet zum Kursbeginn erschienen wäre.

Die nächste Stufe wäre die Prüfung der Proportionalität der Entscheidung des Betriebsrats. Im Rahmen dieser Erwägung wäre Raum für die Berücksichtigung der gesetzgeberischen Zielsetzung. Der Gesetzgeber hat zu erkennen gegeben, daß ihm die Vorstellung von einer „Konfliktlösung durch Dialog" vorschwebte. Wenn nun die Herstellung einer Situation, die das Gespräch erst ermöglicht, mit Kosten verbunden ist, so ist dies innerhalb dieser Überlegungen zu berücksichtigen. Es handelt sich hier nicht wie etwa bei Anwendung der §§ 242, 315 BGB um eine Billigkeitsentscheidung, sondern um den Versuch, widerstreitende Interessen gerade unter Berücksichtigung des besonderen Eigengewichts des einen Bereichs zu einem sinnvollen Ausgleich zu bringen. Diese Möglichkeit bietet sich gerade im Rahmen von Proportionalitätserwägungen.

Abgesehen von diesen Grundsätzen müßte auch den Anstrengungen der Arbeitgeberseite Rechnung getragen werden. Zu berücksichtigen wäre, in welchem Ausmaß und mit welchem Kostenaufwand der Be-

[40] BAG 1 ABR 46 und 47/74.

trieb seine Vertreter in den Verhandlungen mit dem Betriebsrat zu Lehrgängen entsendet. Hier ist auf die oben[41] genannten Zahlen zu verweisen, aus denen sich ergibt, daß im Gegensatz dazu die gewerkschaftlichen Schulungsveranstaltungen erheblich geringere finanzielle Belastungen mit sich bringen.

b) Die prozessuale Situation

Hinsichtlich der prozessualen Situation kann auf die in der Rechtsprechung des BAG entwickelten Grundsätze verwiesen werden, die allerdings etwas modifiziert werden müssen.

Den Betriebsrat trifft die Darlegungspflicht hinsichtlich der Erforderlichkeit der Schulung über ein bestimmtes Thema. Er muß dessen Aktualität darlegen. Außerdem muß er die Tatsachen angeben, aus denen sich die Schichtzugehörigkeit des Teilnehmers ergibt. Daraus lassen sich dann Schlüsse z. B. auf die erforderliche Dauer einer Schulungsveranstaltung ziehen.

Hat der Arbeitgeber Einwände, so reicht es nicht aus, pauschal bessere Kenntnisse des Lehrgangsteilnehmers zu behaupten. Er muß entweder konkret angeben, welche Kenntnisse der Teilnehmer bereits hatte oder aufzeigen, daß er ausnahmsweise bereits über so gute Lernvoraussetzungen verfügte, daß die Teilnahme an einem speziell auf Betriebsratsmitglieder mit normaler schichtspezifischer Disposition vorbereiteten Kursus nicht notwendig war.

c) Konsequenzen

Die Anwendung des vorgeschlagenen Lösungsweges hätte zur Folge, daß eine Reihe bisher nicht oder nur unwesentlich beachteter Gesichtspunkte berücksichtigt werden könnten.

Auswirkungen hätte dies zunächst auf die mehr formelle Seite des Problems. Bei einem Vorgehen in der vorgeschlagenen Weise würden die Begriffe „Erforderlichkeit" und „Verhältnismäßigkeit" in dogmatisch begründeter Art und Weise angewendet. Außerdem würden die Erkenntnisse der neueren Ermessenslehre berücksichtigt.

Der methodische Vorteil läge darin, daß durch die Einbeziehung der Erkenntnisse der Sozialwissenschaften das zum jeweiligen Entscheidungszeitpunkt mögliche „richtige" Ergebnis gefunden werden könnte.

Materiell hätte dieses Vorgehen den Vorteil, daß der Bedeutung des Schulungsanspruchs für das Funktionieren des gesamten Systems der Betriebsverfassung angemessen Rechnung getragen würde.

---

[41] s. o. D II 1 g.

Literaturverzeichnis

A. Materialien

Entwurf eines Betriebsverfassungsgesetzes (Entwurf der Bundesregierung) — Drucksache VI/1786 — Verhandlungen des Deutschen Bundestages, 6. Wahlperiode, Anlagen zu den stenographischen Berichten, Band 146, Bonn 1971
(zit.: BT-Drucksache VI/1786)

Entwurf eines Gesetzes über die Mitbestimmung der Arbeitnehmer in Betrieb und Unternehmen (Antrag der CDU/CSU-Fraktion) — Drucksache VI/1806 — Verhandlungen des Deutschen Bundestages, 6. Wahlperiode, Band 147, Bonn 1971
(zit.: BT-Drucksache VI/1806)

Schriftlicher Bericht des Ausschusses für Arbeit und Sozialordnung (10. Ausschuß) über den von der Bundesregierung eingebrachten Entwurf eines Betriebsverfassungsgesetzes — Drucksachen VI/1786, *zu* VI/2729 — über den von der Fraktion der CDU/CSU-Fraktion eingebrachten Entwurf eines Gesetzes über die Mitbestimmung der Arbeitnehmer in Betrieb und Unternehmen — Drucksache VI/1806 — Drucksache VI/2729 — Verhandlungen des Deutschen Bundestages, 6. Wahlperiode, Anlagen zu den stenographischen Berichten, Band 154, Bonn 1971
(zit.: BT-Drucksache VI/2729)

Schriftlicher Bericht des Ausschusses für Arbeit und Sozialordnung (10. Ausschuß) über den von der Bundesregierung eingebrachten Entwurf eines Betriebsverfassungsgesetzes — Drucksachen VI/1786, *zu* VI/1786 — über den von der Fraktion der CDU/CSU eingebrachten Entwurf eines Gesetzes über die Mitbestimmung der Arbeitnehmer in Betrieb und Unternehmen — Drucksache VI/1806 — *zu* Drucksache VI/2729 — Verhandlungen des Deutschen Bundestages, 6. Wahlperiode, Anlagen zu den stenographischen Berichten, Band 154, Bonn 1971
(zit.: BT-Drucksache *zu* VI/2729)

Materialien zur Tagung über aktuelle Rechtsfragen, Unveröffentlichtes Manuskript der IG Metall, Frankfurt am Main 1976

Feest: Die Bundesrichter, s. W. Zapf S. 95 ff.

Kaupen: Die Hüter von Recht und Ordnung, Neuwied/Berlin 1969

Kreßin/Schmidt/Steinke: Gewerkschaftliche Erwachsenenbildungsarbeit im Spiegel der Betroffenen, Berlin 1973

Richter: Die Richter der Oberlandesgerichte der Bundesrepublik Deutschland, Hamburger Jahrbuch für Wirtschafts- und Gesellschaftspolitik (Band 5), 1960, S. 242 ff.

Zwingmann: Zur Soziologie des Richters in der Bundesrepublik Deutschland, Berlin 1966

B. Kommentare

Arbeitsring Chemie: Betriebsverfassungsgesetz 72, Heidelberg 1972

Auffarth/Schönherr: Arbeitsgerichtsgesetz, 3. Auflage, Bielefeld 1974

Aye/Brockhoff/Göbelsmann/Knoll/Schieckel/Schroeter: RVO-Gesamtkommentar, Loseblattausgabe, Stand: 9. 2. 76, Wiesbaden 1967

Baumbach/Lauterbach/Albers/Hartmann: Zivilprozeßordnung, 34. Auflage, München 1976

Bleistein: Kommentar zum Betriebsverfassungsgesetz, 2. Auflage, Bonn 1974

Brecht: Kommentar zum Betriebsverfassungsgesetz nebst Wahlordnung, Herne/Berlin 1972

Crisolli/Tiedtke: Das Tarifrecht der Angestellten im öffentlichen Dienst, Teil I, Loseblattausgabe, Stand: Juni 1976

Dietz: Personalvertretungsgesetz, München und Berlin 1956

Dietz/Richardi: Betriebsverfassungsgesetz, 5. Auflage, München 1973

Dreher: Strafgesetzbuch und Nebengesetze, 36. Auflage, München 1976

Erdmann: Das Betriebsverfassungsgesetz vom 11. Oktober 1952, Neuwied 1952

Erdmann/Jürging/Kammann: Betriebsverfassungsgesetz, Neuwied/Berlin 1972

Fabricius/Kraft/Thiele/Wiese: Betriebsverfassungsgesetz, Gemeinschaftskommentar, Neuwied und Berlin 1974

Fitting/Auffarth/Kaiser: Betriebsverfassungsgesetz, 11. Auflage, München 1974

Frauenkron: Betriebsverfassungsgesetz mit Wahlordnung, Stuttgart/Berlin/Köln/Mainz 1972

Galperin/Löwisch: Kommentar zum Betriebsverfassungsgesetz, Band I, 5. Auflage, Heidelberg 1975

Galperin/Siebert: Kommentar zum Betriebsverfassungsgesetz, Heidelberg 1963

Gnade/Kehrmann/Schneider: Betriebsverfassungsgesetz, Köln 1972

Grabendorff/Windscheid/Ilbertz: Bundespersonalvertretungsgesetz, 3. Auflage, Stuttgart/Berlin/Köln/Mainz 1975

Halberstadt/Zander: Handbuch des Betriebsverfassungsrechts, 2. Auflage, Köln-Marienburg 1972

Hautmann/Schmidt: Betriebsverfassungsgesetz 1972 mit Wahlordnung, Lochham/München 1972

Kirchner/Jung: Bundespersonalvertretungsgesetz, Neuwied/Berlin 1974

Küchenhoff: Betriebsverfassungsgesetz, 2. Auflage, Münster/W. 1974

Kuhn/Sabottig/Schneider/Thiel/Wehner: Bundespersonalvertretungsgesetz, Kommentar für die Praxis, Köln 1975

Leibholz/Rinck: Grundgesetz für die Bundesrepublik Deutschland, 5. Auflage, Köln 1975

Maunz/Dürig/Herzog: Grundgesetz, Band I, 4. Auflage, Lieferung 1—13, München 1974

Molitor: Bundespersonalvertretungsgesetz, 2. Auflage, Berlin und Frankfurt am Main 1958

Palandt: Bürgerliches Gesetzbuch, 35. Auflage, München 1976

Sahmer: Betriebsverfassungsgesetz, Stand: Januar 1976

Schönke/Schröder: Strafgesetzbuch, 18. Auflage, München 1976

Soergel/Siebert/Mühl/Zeuner: Bürgerliches Gesetzbuch, Band I, Allgemeiner Teil (§§ 1—240), 10. Auflage, Stuttgart/Berlin/Köln/Mainz 1967

Staudinger/Nipperdey/Mohnen/Neumann/Riedel: Kommentar zum Bürgerlichen Gesetzbuch, II. Band, Recht der Schuldverhältnisse 3. Teil, 11. Auflage, Berlin 1958

Stege/Weinspach: Betriebsverfassungsgesetz 1972, Köln 1972

— Betriebsverfassungsgesetz, 2. Auflage, Köln 1975

C. Lehrbücher

Blei: Strafrecht I, Allgemeiner Teil, 16. Auflage, München 1975

Drews/Wacke/Vogel/Martens: Gefahrenabwehr, 1. Band (Vogel), Allgemeines Polizeirecht, 8. Auflage, Köln/Berlin/Bonn/München 1975

Enneccerus/Nipperdey: Allgemeiner Teil des Bürgerlichen Rechts, 15. Auflage, Tübingen 1960

Erichsen/Martens (Hsg.): Allgemeines Verwaltungsrecht, Berlin/New York 1975

Hesse: Grundzüge des Verfassungsrechts der Bundesrepublik Deutschland, 8. Auflage, Karlsruhe 1975

Hueck/Nipperdey: Lehrbuch des Arbeitsrechts, 1. Band, 7. Auflage, Berlin/Frankfurt am Main 1963

Hueck/Nipperdey/Säcker: Lehrbuch des Arbeitsrechts, II. Band, 2. Halbband, 7. Auflage, Berlin und Frankfurt am Main 1970

Jescheck: Lehrbuch des Strafrechts, Allgemeiner Teil, Berlin 1969

Lange: Bürgerliches Gesetzbuch, Allgemeiner Teil, 14. Auflage, München 1973

Larenz: Allgemeiner Teil des deutschen Bürgerlichen Rechts, 3. Auflage, München 1975

Lehmann/Hübner: Allgemeiner Teil des Bürgerlichen Gesetzbuches, 16. Auflage, Berlin 1966

Lent/Jauernig: Zivilprozeßrecht, 17. Auflage, München 1974

Maurach: Deutsches Strafrecht, Allgemeiner Teil, 4. Auflage, Karlsruhe 1971

Münch (Hsg.): Besonderes Verwaltungsrecht, Bad Homburg v. d. H./Berlin/Zürich 1969

Neumann-Duesberg: Betriebsverfassungsrecht, Berlin 1960

Nikisch: Arbeitsrecht, 3. Band (Betriebsverfassungsrecht), 2. Auflage, Tübingen 1966

Schaub: Arbeitsrechtshandbuch, 1. Auflage, München 1972

— Arbeitsrechtshandbuch, 2. Auflage, München 1975

Söllner: Arbeitsrecht, 5. Auflage, Stuttgart/Berlin/Köln/Mainz 1976

Stein: Staatsrecht, 4. Auflage, Tübingen 1975

Wolf: Allgemeiner Teil des bürgerlichen Rechts, 2. Auflage, Köln/Bonn/Berlin/München 1976

Wolff/Bachof: Verwaltungsrecht I, 9. Auflage, München 1974

D. Monographien, Aufsätze, Anmerkungen zu Entscheidungen

Adomeit: Methodenlehre und Juristenausbildung, Zeitschrift für Rechtspolitik 1970, S. 176 ff.

v. Arnim: Die Verfallbarkeit von betrieblichen Ruhegeldanwartschaften, Heidelberg 1970

Ausubel: Symbolization and symbolic thought: response to Furth, Child Development 1968, Heft 39, S. 997 ff.

Bachof: Beurteilungsspielraum, Ermessen und unbestimmter Rechtsbegriff im Verwaltungsrecht, Juristenzeitung 1955, S. 97 ff.

— Neue Tendenzen in der Rechtsprechung zum Ermessen und Beurteilungsspielraum, Juristenzeitung 1972, S. 641 ff.

Badura: Wirtschaftsverwaltungsrecht, s. Münch (Hsg.), S. 239 ff.

Bernstein: Soziale Struktur, Sozialisation und Sprachverhalten, Amsterdam 1971

Blankenburg (Hsg.): Empirische Rechtssoziologie, München 1975

Blankertz: Theorien und Modelle der Didaktik, 9. Auflage, München 1975

Böker: Das Weisungsrecht des Arbeitgebers, Frankfurt am Main 1971

Buchner: Das Zusammenwirken von Gewerkschaften und Betriebsrat nach dem neuen BetrVG, Der Betrieb 1972, S. 1236 ff.

— Kooperation als Leitmaxime des Betriebsverfassungsrechts, Der Betrieb 1974, S. 530 ff.

Bullinger: Gesetzesbegriffe der neueren deutschen und französischen Verwaltungsrechtsprechung, Festschrift für Herrmann Jahrreiß, S. 19 ff., Köln/Berlin/Bonn/München 1974

Canaris: Die Feststellung von Lücken im Gesetz, Berlin 1964

Carroll: Words, meanings and concepts, Harvard Educational Review 1964, S. 178 ff.

Däubler: Die unverhältnismäßige Aussperrung — BAG (GS) AP, Art. 9 GG Arbeitskampf — Nr. 43, Juristische Schulung 1972, S. 642 ff.

— Schulung und Fortbildung von Betriebsratsmitgliedern und Jugendvertretern nach § 37 BetrVG, 1. Auflage, Köln 1972

— Schulung und Fortbildung von Betriebsmitgliedern und Jugendvertretern nach § 37 BetrVG, 2. Auflage, Köln 1975

Dahrendorf: Bemerkungen zur sozialen Herkunft und Stellung der Richter an Oberlandesgerichten. Ein Beitrag zur Soziologie der deutschen Oberschicht, Hamburger Jahrbuch für Wirtschafts- und Gesellschaftspolitik (Band 5), 1960, S. 260 ff.

— Über den Ursprung der Ungleichheit unter den Menschen, Recht und Staat in Geschichte und Gegenwart, Heft 232, Tübingen 1961

— Zur Soziologie der juristischen Berufe, Anwaltsblatt 1964, S. 216 ff.

Dieterich: Ruhegeldanwartschaft und Kündigung, Arbeit und Recht 1971, S. 129 ff.

Dohmen: Wie Erwachsene lernen, Unterrichtswissenschaft 3/75, S. 1 ff.

Dürig: Der Grundrechtssatz von der Menschenwürde, Archiv des öffentlichen Rechts, Band 81 (1956), S. 117 ff.

Dütz: Verbindliche Einigungsverfahren nach den Entwürfen zu einem neuen Betriebsverfassungsrecht (1. Teil), Der Betrieb 1971, S. 674 ff.

— Verbindliche Einigungsverfahren nach den Entwürfen zu einem neuen Betriebsverfassungsrecht (2. Teil), Der Betrieb 1971, S. 723 ff.

— Zwangsschlichtung im Betrieb. Kompetenz und Funktion der Einigungsstelle nach dem BetrVG 72, Der Betrieb 1972, S. 383 ff.

— Verfahrensrecht der Betriebsverfassung, Arbeit und Recht 1973, S. 353 ff.

Dütz/Säcker: Zum Umfang der Kostenerstattungs- und Kostenvorschußpflicht des Arbeitgebers nach § 40 BetrVG, Der Betrieb Beilage 17/72

Ehmke: Ermessen und unbestimmter Rechtsbegriff im Verwaltungsrecht, Tübingen 1960

Eich: Die Schulung und Bildung von Betriebsräten, Betriebsberater 1973, S. 1032 ff.

— Die Kostentragung für die Betriebsräteschulung, Der Betrieb 1974, S. 91 ff.

Engisch: Einführung in das juristische Denken, 4. Auflage, Stuttgart 1968

Esser: Grundsatz und Norm in der richterlichen Fortbildung des Privatrechts, 2. Auflage, Tübingen 1964

Etzel: Der besondere Kündigungsschutz für Betriebsratsmitglieder und andere Arbeitnehmer, die Aufgaben der Betriebsverfassung wahrnehmen, Blätter für Steuerrecht, Sozialversicherung und Arbeitsrecht 1972, S. 86 ff.

— Die Rechtsprechung zum BetrVG 1972, Neuwied 1974

— Die Rechtsprechung zum BetrVG 72 (II), Blätter für Steuerrecht, Sozialversicherung und Arbeitsrecht 1974, S. 215 ff.

Furth: Denkprozesse ohne Sprache, Düsseldorf 1972

Gagné: Die Bedingungen menschlichen Lernens, 2. Auflage, Hannover 1970

Geiger: Vorstudien zu einer Soziologie des Rechts, Neuwied/Berlin 1964

Gentz: Zur Verhältnismäßigkeit von Grundrechtseingriffen, Neue Juristische Wochenschrift 1968, S. 1600 ff.

Girtler: Rechtssoziologie — Thesen und Möglichkeiten, München 1976

Gnade: Die Einigungsstelle nach dem neuen Betriebsverfassungsgesetz, Arbeit und Recht 1973, S. 43 ff.

Grabitz: Der Grundsatz der Verhältnismäßigkeit in der Rechtsprechung des Bundesverfassungsgerichts, Archiv des öffentlichen Rechts, Band 98 (1973), S. 568 ff.

Grimm (Hsg.): Rechtswissenschaft und Nachbarwissenschaften, Frankfurt am Main 1973

Gröbing: Diskussionsbeitrag zum Referat von Hoffmann „Der Grundsatz der Parität und die Zulässigkeit der Aussperrung", s. Kittner (Hsg.), S. 108

Grunsky: Abwehraussperrung und Allgemeininteresse im Arbeitskampf, Zeitschrift für Rechtspolitik 1976, S. 129 ff.

Hässler: Die Geschäftsführung des Betriebsrates, 3. Auflage, Heidelberg 1973

Heck: Gesetzesauslegung und Interessenjurisprudenz, Archiv für die civilistische Praxis, Band 112 (1914), S. 1 ff.

Hiersemann: Die Kosten der Betriebsratsschulung, Betriebsberater 1973, S. 287 ff.

Hirschberg: Das Fehlurteil im Strafprozeß, Stuttgart 1960

Huberman: Wie verändern sich erwachsene Lerner?, Unterrichtswissenschaft 3/75, S. 14 ff.

Ipsen: Rechtsfragen der Investitionshilfe, Archiv des öffentlichen Rechts, Band 78 (1952/3), S. 284 ff.

Jacobi/Rausch: Auslagenerstattung an Betriebsratsmitglieder bei Teilnahme an Schulungs- und Bildungsveranstaltungen nach § 37 VI BetrVG, Der Betrieb 1972, S. 972 ff.

Jaeggi: Kapital und Arbeit in der Bundesrepublik, Frankfurt am Main 1973

Jesch: Unbestimmter Rechtsbegriff und Ermessen in rechtstheoretischer und verfassungsrechtlicher Sicht, Archiv des öffentlichen Rechts, Band 82 (1957), S. 163 ff.

Joachim: Ist der Grundsatz der Verhältnismäßigkeit ein geeignetes Kriterium für die rechtliche Erfassung des Phänomens „Arbeitskampf"?, s. Kittner (Hsg.), S. 27 ff.

Kellner: Zum Beurteilungsspielraum, Deutsche öffentliche Verwaltung 1962, S. 572 ff.
— Der sogenannte Beurteilungsspielraum in der verwaltungsgerichtlichen Spruchpraxis, Neue Juristische Wochenschrift 1966, S. 857 ff.
— Neue Erkenntnisse zum sogenannten Beurteilungsspielraum, Deutsche öffentliche Verwaltung 1972, S. 801 ff.

Kittner: Ersatz von Kosten für den Besuch von Schulungsveranstaltungen nach § 37 VI BetrVG, Betriebsberater 1972, S. 969 ff.
— (Hsg.): Streik und Aussperrung (Protokoll einer wissenschaftlichen Veranstaltung der IG Metall vom 13. bis 15. September 1973 in München), Frankfurt am Main und Köln o. J.

Klinkhammer: Die Erstattungspflicht des Arbeitgebers für Schulungskosten der Betriebsratsmitglieder, Betriebsberater 1973, S. 1399 ff.

Kloepfer: Anmerkung zum Beschluß des Gemeinsamen Senats vom 19. 10. 71, Neue Juristische Wochenschrift 1972, S. 1411 ff.

König (Hsg.): Soziologie, Frankfurt am Main 1967

Kraft: Allgemeiner Bildungsurlaub auf Kosten des Arbeitgebers, Der Betrieb 1973, S. 2519 ff.

Kreutz: Grundsätze der Zusammenarbeit zwischen Arbeitgeber und Betriebsrat nach dem neuen Betriebsverfassungsgesetz, Blätter für Steuerrecht, Sozialversicherung und Arbeitsrecht 1972, S. 44 ff.

Larenz: Methodenlehre der Rechtswissenschaft, 2. Auflage, Berlin/Heidelberg/New York 1969

Lautmann: Soziologie und Rechtswissenschaft, s. Grimm (Hsg.), S. 35 ff.

Leinemann: Die „Betriebsgemeinschaft", Betriebs- und Unternehmensverfassung 1971, S. 49 ff.
— Anmerkung zu BAG 1 ABR 1/73 v. 30. 1. 73, Arbeit und Recht 1974, S. 31 ff.

Lerche: Übermaß und Verfassungsrecht, Köln/Berlin/München/Bonn 1961

Lichtenstein: Die Geschäftsführung des Betriebsrates, Der Betriebsrat 1972, S. 123 ff.

Lindner: Anmerkung zu BAG NJW 74, 879 f., Neue Juristische Wochenschrift 1974, S. 1349

Löwisch: Das Übermaßverbot im Arbeitskampfrecht, Zeitschrift für Arbeitsrecht 1971, S. 319 ff.

Löwisch und *Westhoff:* Voraussetzungen und Abgrenzung von richterlicher Inhaltskontrolle und Rechtsfortbildung, Der Betrieb 1973, S. 69 ff.

Matthes: Das Mitbestimmungsrecht des Betriebsrates bei Betriebsänderungen, Der Betrieb 1972, S. 286 ff.

Maurer: Auslagenerstattung bei gewerkschaftlichen Schulungen für Betriebsratsmitglieder, Betriebsberater 1972, S. 843 ff.

Müller, G.: Das Arbeitskampfrecht im Beschluß des Großen Senats des BAG vom 21. 4. 1971, Recht der Arbeit 1971, S. 321 ff.

— Rechtliche Konzeption und soziologische Problematik der Einigungsstelle nach dem BetrVG 72, Der Betrieb 1973, S. 76 ff.

Naucke: Über die juristische Relevanz der Sozialwissenschaften, Frankfurt am Main 1972

Neumann-Duesberg: Anmerkung zu AP 50 Nr. 253

— Auswirkungen des Betriebsratsamtes auf die gegen Betriebsratsmitglieder möglichen Individualrechtsmaßnahmen des Arbeitgebers, Recht der Arbeit 1962, S. 289 ff.

Nierhaus: Zur gerichtlichen Kontrolle von Prognoseentscheidungen der Verwaltung, Deutsches Verwaltungsblatt 1977, S. 19 ff.

Oevermann: Sprache und soziale Herkunft, Frankfurt am Main 1972

Ohlgardt: Anmerkung zu LAG Düsseldorf/Köln, Betriebsberater 1973, S. 1215 ff.

— Die Kosten der Betriebsratsschulung, Betriebsberater 1973, S. 287 ff.

— Anmerkung zur Entscheidung des BAG, Betriebsberater 1973, S. 333

— Die Kostentragung bei gewerkschaftlicher Schulung, Betriebsberater 1974, S. 1029 ff.

Opp: Soziologie im Recht, Reinbeck bei Hamburg 1973

Opp/Peuckert: Ideologie und Fakten in der Rechtsprechung, München 1971

Ossenbühl: Tendenzen und Gefahren der neueren Ermessenslehre, Deutsche öffentliche Verwaltung 1968, S. 618 ff.

— Ermessen, Verwaltungspolitik und unbestimmter Rechtsbegriff, Deutsche öffentliche Verwaltung 1970, S. 84 ff.

— Vom unbestimmten Gesetzesbegriff zur letztverbindlichen Verwaltungsentscheidung, Deutsches Verwaltungsblatt 1974, S. 309 ff.

— Die Quellen des Verwaltungsrechts, s. Erichsen/Martens (Hsg.)

Ostermeyer: Die Wissenschaftlichkeit der Jurisprudenz und die Herausforderung der Soziologie, Deutsche Richterzeitung 1969, S. 9 ff.

Peters: Fehlerquellen im Strafprozeß, Band 2, Karlsruhe 1972

— Fehlerquellen im Strafprozeß, Band 3, Karlsruhe 1974

Piaget: Sprechen und Denken des Kindes, Düsseldorf 1972

Raatz: Personalleitung und Betriebsverfassung, Der Betrieb Beilage 1/72, S. 1 ff.

Raiser, Th.: Was nützt die Soziologie dem Recht?, Juristenzeitung 1970, S. 665 ff.

Redeker: Anmerkung zum Urteil des BVerwG vom 21. 1. 72, Deutsches Verwaltungsblatt 1972, S. 895

Rehbinder: Einführung in die Rechtssoziologie, Frankfurt am Main 1971

Reich: Neue Literatur zum Verhältnis von Rechtswissenschaften und Sozialwissenschaften, Juristische Schulung 1974, S. 269 ff.

Reuß: Das neue Arbeitskampfrecht, Arbeit und Recht 1971, S. 353 ff.

Reuter: Nochmals: Die unverhältnismäßige Aussperrung — BAG (GS) AP, Art. 9 GG — Arbeitskampf — Nr. 43, Juristische Schulung 1973, S. 284 ff.

— Streik und Aussperrung, Recht der Arbeit 1975, S. 275 ff.

Richardi: Der Beschluß des Großen Senats des Bundesarbeitsgerichts vom 21. April 1971, Recht der Arbeit 1971, S. 334 ff.

— Anmerkung zu BAG AP Nr. 2 zu § 40 BetrVG 72

Rick: Die unentgeltliche Wahrnehmung des Betriebsratsamtes, Die Betriebsverfassung 1956, S. 33 ff.

Rohling: Betriebsverfassungsgesetz — Schulungs- und Bildungsmaßnahmen, Der Arbeitgeber 1972, S. 425 ff.

Rose: Zum Problem des „gesetzesvertretenden Richterrechts", Sozialer Fortschritt 1972, S. 125 ff.

Rottleuthner: Rechtswissenschaft als Sozialwissenschaft, Frankfurt am Main 1973

Rüegg: Soziologie, Frankfurt am Main 1969

Rupp, H. H.: Grundfragen der heutigen Verwaltungsrechtslehre, Tübingen 1965

Säcker: Zu den rechtspolitischen Grundlagen der Arbeitskampf-Entscheidungen des Bundesarbeitsgerichts vom 21. April und 26. Oktober 1971, Gewerkschaftliche Monatshefte 1972, S. 287 ff.

Schell: Freistellung von Betriebsratsmitgliedern für Schulungs- und Bildungsveranstaltungen nach § 37 VI und VII BetrVG, Betriebsberater 1973, S. 44 ff.

Scheuner: Verfassungsrechtliche Gesichtspunkte zu der Fortbildung des Arbeitskampfrechts im Beschluß des Großen Senats vom 21. April 1971, Recht der Arbeit 1971, S. 327 ff.

Schmidt, W.: Abschied vom „unbestimmten Rechtsbegriff", Neue Juristische Wochenschrift 1975, S. 1753 ff.

Schwegler: Rechtsfragen zur Teilnahme von Betriebsratsmitgliedern an Schulungs- und Bildungsveranstaltungen, Blätter für Steuerrecht, Sozialversicherung und Arbeitsrecht 1972, S. 305 ff.

Skowronek: Lernen und Lernfähigkeit, 4. Auflage, München 1972

Soell: Das Ermessen der Eingriffsverwaltung, Heidelberg 1973

Söllner: Zur vertrauensvollen Zusammenarbeit zwischen Betriebsvertretung und Arbeitgeber, Der Betrieb 1968, S. 571 ff.

Sorge: Die Haftung des Betriebsrats für unerlaubte Handlungen, Arbeit und Recht 1953, S. 272 ff.

Streckel: Teilnahme von Betriebsräten an Schulungs- und Bildungsveranstaltungen nach § 37 Abs. 6 und 7 BetrVG, Der Betrieb 1974, S. 335 ff.

Tausch und *Tausch:* Erziehungspsychologie, 7. Auflage, Göttingen 1973

Teichmüller: Die Behandlung der Einzelfragen des § 37 VI BetrVG, Schriftenreihe der IG Metall Nr. 63

Thorndike: Animal intelligence, Psychological Monographic Review, 1898, 2, Nr. 8

Tietgens: Wie Erwachsene lernen, Unterrichtswissenschaft 3/75, S. 39 ff.

Tietgens/Weinberg: Erwachsene im Feld des Lehrens und Lernens, Braunschweig 1971

Ule: Zur Anwendung unbestimmter Rechtsbegriffe im Verwaltungsrecht, Gedächtnisschrift für Walter Jellinek, S. 309 ff., München 1955

Vogel: s. Drews/Wacke/Vogel/Martens

Vogt: Grenzen der Lohnzahlungspflicht des Arbeitgebers gegenüber Betriebsratsmitgliedern gemäß § 37 BetrVG, Der Betrieb 1953, S. 378 ff.

Wagner, A.: Der Richter. Geschichte — Aktuelle Fragen — Reformprobleme, Karlsruhe 1959

Wassermann: Die Fortbildung des Richters, Deutsche Richterzeitung 1963, S. 80 ff.

— Richter, Reform, Gesellschaft, Karlsruhe 1970
(zit.: RRG)

Weigel: Beurteilungsspielraum oder Delegationsbegriff?, Bern/Frankfurt am Main 1971

Wiedemann: Ruhegeldanwartschaft und Kündigung, Recht der Arbeit 1969, S. 244 ff.

Wiese: Anmerkung zu BAG AP Nr. 6 zu § 37 BetrVG

— Schulung der Mitglieder von Betriebsvertretungen, Blätter für Steuerrecht, Sozialversicherung und Arbeitsrecht 1974, S. 353 ff.

Wittig: Zum Standort des Verhältnismäßigkeitsgrundsatzes im System des Grundgesetzes, Deutsche öffentliche Verwaltung 1968, S. 817 ff.

Würtenberger: Kriminalpolitik im sozialen Rechtsstaat, Stuttgart 1970

Zapf (Hsg.): Beiträge zur Analyse der deutschen Oberschicht, Tübingen 1964

FSC
www.fsc.org
MIX
Papier | Fördert
gute Waldnutzung
FSC® C083411

Kolibri 360 GmbH
Ferdinand-Jühlke-Straße 7
99095 Erfurt, Deutschland
produktsicherheit@kolibri360.de

Druck:
CPI Druckdienstleistungen GmbH
im Auftrag der
Kolibri 360 GmbH
Ferdinand-Jühlke-Str. 7
99095 Erfurt